VOCABULAIRE de BASE
du CHINOIS MODERNE
· Chinois–Français ·

YVONNE ANDRÉ

VOCABULAIRE de BASE
du CHINOIS MODERNE
· Chinois–Français ·

Préface
de Paul DEMIÉVILLE

Troisième édition

1996
Editions Klincksieck
PARIS

La loi du 11 mars 1957 n'autorisant aux termes des alinéas 2 et 3 de l'article 41, d'une part, que les « copies ou reproductions strictement réservées à l'usage privé du copiste et non destinées à une utilisation collective » et, d'autre part, que les analyses et les courtes citations dans un but d'exemple et d'illustration, « toute représentation ou reproduction intégrale, ou partielle, faite sans le consentement de l'auteur ou de ses ayants-droit ou ayants-cause, est illicite » (alinéa 1er de l'article 40).

Cette représentation ou reproduction, par quelque procédé que ce soit, constituerait donc une contrefaçon sanctionnée par les articles 425 et suivants du Code Pénal.

PRÉFACE

La traductrice de ce lexique a passé quatre ans à Pékin, où elle a fréquenté les linguistes chinois qui l'ont initiée à leurs travaux concernant l'enseignement de la "langue commune" dans les institutions d'instruction publique de la République populaire de Chine. Depuis son retour en France en 1962, Madame André a enseigné le chinois dans des lycées parisiens ; elle est actuellement assistante de chinois à la Faculté des Lettres et Sciences humaines de l'Université de Bordeaux. C'est dire qu'elle possède une expérience considérable en matière d'enseignement du chinois. Il lui a paru utile de mettre à la disposition des débutants français un "vocabulaire de base" soigneusement établi par une commission de spécialistes chinois qui se sont fondés sur des statistiques de fréquence et sur les données résultant d'une longue pratique didactique. A ces matériaux commodément classés selon deux méthodes successives, Madame André a ajouté une traduction française fidèle et rigoureuse. On lui saura gré d'un travail qui ne manquera pas de rendre service au moment où l'enseignement du chinois se trouve en plein développement dans notre pays dès le degré secondaire.

P. DEMIÉVILLE.

AVANT-PROPOS

Nos contacts avec les lycéens, les étudiants et les adultes commençant l'étude du chinois nous ont fait sentir le besoin qu'avaient ces débutants d'un vocabulaire de base facile à consulter. C'est à tous les débutants, chaque année plus nombreux, qu'est destiné ce lexique.

La première partie, classée par catégories lexico-grammaticales subdivisées par centres d'intérêt, peut être utilisée sans l'apprentissage nécessaire à la consultation d'un dictionnaire chinois. L'élève trouve en même temps la prononciation, les caractères et le sens du mot qu'il recherche. La deuxième partie, alphabétique, permet aux élèves qui commencent l'étude du chinois avec la seule transcription de retrouver eux-mêmes les caractères quand ils le désirent.

Ce lexique est une traduction de la "Liste de trois mille mots d'usage courant en langue commune", publiée en 1959 à Pékin par les "Éditions de réforme de la langue chinoise" (*Wénzì gǎigé chūbǎnshè*) et réalisée par la "Section de recherche et de diffusion du Comité pour la réforme de la langue chinoise" (*Zhōngguó wénzì gǎigé wěiyuánhuì yánjiūtuīguǎngchù*). Ses auteurs la destinent à tous ceux qui, parlant un dialecte, doivent apprendre la langue commune, ainsi qu'à ceux qui ont à rédiger des manuels ou des textes en langue commune.

Le processus d'élaboration de ce vocabulaire a été assez complexe. Les auteurs, et on ne saurait trop insister sur le fait qu'il s'agit d'une œuvre collective, voulant arriver rapidement à un résultat, n'ont pas commencé par un travail statistique sur un grand nombre de matériaux. Ils ont préféré partir d'un choix dont le caractère subjectif était atténué par le nombre des participants à ce travail. Ils ont dressé des listes à partir de deux types de matériaux : d'une part des dictionnaires et des listes de mots déjà existants comprenant un grand nombre de mots d'usage courant, et d'autre part des textes où se trouvaient réunis beaucoup de mots d'usage courant tels que les manuels de langue de l'enseignement primaire et des manuels de dialogues en langue commune. Voici la liste des principaux ouvrages qu'ils ont consultés :

"Vocabulaire élémentaire" (*Jiǎnmíng zìhuì*) établi par le Comité de rédaction du Grand Dictionnaire chinois (*Zhōngguó dàcídiǎn biānzuǎnchù*).

"Mille mots d'usage courant" *(Jōyō issen shi)* du "Manuel primaire de langue chinoise" *(Chūgokugo shokyū kyōhon)*, ainsi que le "Dictionnaire de la langue chinoise" *(Chūgokugo jiten)*, œuvres du professeur japonais Kuraishi Takeshirō.

"Vocabulaire de la langue chinoise à partir de la transcription" *(Hànyǔ pīnyīn cíhuì)* établi par la section de lexicologie du Comité pour la réforme de la langue chinoise *(Zhōngguó wénzì gǎigé wěiyuánhuì cíhuìxiǎozǔ)*.

"Grand dictionnaire normatif" *(Biāozhǔnyǔ dàcídiǎn)* publié par l'Imprimerie commerciale, plus connue sous le nom de "Commercial Press" *(Shāngwù yìnshūguǎn)*.

"Essai de dictionnaire chinois-russe avec transcription" *(Pīnyīn HànÉ cídiǎn shìbiǎn)* du professeur soviétique B. ISSAÏENKO.

"Manuels de langue de l'enseignement primaire et secondaire" *(Zhōng, xiǎoxué yǔwén kèběn)*.

En partant de ces différents matériaux, une première liste, comprenant 1 867 mots, a été établie à la suite de discussions collectives. Elle a été soumise à une vingtaine de personnes, des linguistes, des instituteurs, des professeurs, des membres de comités de rédaction de dictionnaires et des auteurs de manuels de langue. A la suite des remarques faites par les personnes consultées, une deuxième liste de 2 405 mots a été établie. C'est alors que l'on s'est livré à une vérification statistique sur des textes de manuels, des dialogues, des articles politiques, des lettres, des récits et des reportages. Ces textes comportaient 130 000 caractères correspondant à 53 923 mots. Cette première

vérification a entraîné l'addition de certains mots et la suppression d'autres mots. La nouvelle liste comportait 2 704 mots dont l'indice de fréquence dans les textes examinés était au minimum de 62,1 %, au maximum de 88,2 %, soit en moyenne de 71,8 %. En novembre 1958, les auteurs ont pris connaissance de l' "Essai de dictionnaire chinois-russe avec transcription" [1]. Ils ont comparé leur liste avec celle de 5 000 mots relevés par le professeur ISSAÏENKO à partir de romans, de nouvelles et de pièces de théâtre de Bā jīn, Wáng Jué chéng, Lǎo shè, Hé Gōng chāo, Máo dùn et Cáo yú, ce qui les a amenés à compléter leur liste et à atteindre le nombre de 3 218 mots. Une nouvelle vérification de fréquence dans deux textes [2] déjà utilisés précédemment a montré un accroissement notable de la fréquence d'apparition des mots retenus dans cette dernière liste : 82,32 % et 86,49 %. C'est cette liste de 3 218 mots qui a été finalement retenue et qui est présentée ici.

Nous nous sommes borné à ajouter au texte chinois une traduction en français. Nous n'avons modifié en rien ni le classement adopté par les auteurs [3] ni le contenu des différentes catégories lexico-grammaticales. Il n'en reste pas moins

1. *Op. cit.* ci-dessus.
2. "Manuel et disques de dialogues courants en langue commune" *(Pǔtōnghuà chángyòng huìhuà liúshēngpiàn kèběn)* et "Lettre au Président Mao pour lui rendre compte de l'accroissement de la production" *(Xiàng Máozhǔxí bàogào zēngchǎn de xìn)*.
3. Ce classement est fondé sur le "Système grammatical proposé provisoirement pour l'enseignement du chinois" *(Zhànnì hànyǔ jiàoxué yǔfǎ xìtǒng)* publié dans "Grammaire et enseignement de la grammaire" *(Yǔfǎ hé yǔfǎ jiàoxué)*.

qu'en chinois plus que dans toute autre langue le classement par catégories grammaticales entraîne certaines difficultés. Nous voudrions à ce sujet faire quelques remarques :

1. Un certain nombre de noms peuvent être employés avec une valeur verbale et inversement des verbes peuvent être employés comme substantifs. Sauf quelques cas dans lesquels ces mots sont classés simultanément dans les deux catégories, les auteurs ont choisi de faire figurer de tels mots dans la catégorie grammaticale à laquelle ils appartiennent le plus souvent. Ceci ne pose guère de problème pour un utilisateur chinois, mais il nous a paru utile de mentionner par un astérisque un certain nombre de ces mots dans la deuxième partie. Ainsi, l'astérisque après *yánjiu* indique que ce mot peut être employé non seulement comme verbe avec le sens de "faire des recherches, étudier", mais aussi comme nom, "recherche, étude". De même, après *jìhuà* l'astérisque indique que ce mot peut être employé non seulement comme nom, "plan", mais aussi comme verbe, "planifier, faire un plan".

2. Des problèmes analogues existent pour les adjectifs et les adverbes. Quelques-uns, comme *tèbié, zhēn, zhèng* apparaissent dans les deux catégories. D'autres, classés parmi les adverbes peuvent parfois, bien que plus rarement, être employés comme adjectifs. C'est le cas de *línshí, zànshí, yuánxiān, shízài*. Ces cas étant relativement peu nombreux, nous n'avons pas jugé utile de les relever.

3. Une liste des spécificatifs ne peut servir à des étrangers que si elle s'accompagne d'une liste des noms réclamant l'emploi de tel ou tel spécificatif. Nous avons donc d'abord donné une traduction, quand celle-ci était possible, ou une indication de la sphère d'utilisation. Nous avons ajouté ensuite une liste de noms figurant dans le présent lexique avec lesquels le spécificatif est employé.

4. Il n'a pas toujours été possible de donner une traduction dans la même catégorie grammaticale. Ainsi des mots comme *jīntiān*, "aujourd'hui", *zuótiān*, "hier", et en général un certain nombre de mots considérés en français comme adverbes de temps, sont classés à juste titre en chinois parmi les noms. De même, sont classés parmi les pronoms *zhèr*, "ici", *nàr*, "là", *zhèyang*, "ainsi", qui ne peuvent guère être traduits en français que par des adverbes. Dans ces cas, nous avons fait suivre la traduction de la catégorie grammaticale en français.

5. D'autres problèmes, plus délicats, nous ont été posés par certains mots, classés par les auteurs comme adverbes, mais formés en fait de locutions verbales, d'usage courant certes, mais qui se prêtent difficilement à la traduction par des adverbes. C'est le cas de *láideji, láibuji, bùdébù, bùkěbù*, pour lesquels nous avons dû donner en traduction une locution verbale.

6. Enfin, certains mots considérés par les auteurs comme des adverbes figureraient plus justement, nous semble-t-il, parmi les conjonctions. Ainsi en est-il pour *zhǐyaò, zhǐyǒu, huò, nǎpà*.

Ces quelques réserves ne doivent cependant pas effrayer le débutant qui aura eu la patience de lire cet avertissement. Qu'il n'oublie pas qu'un vocabulaire n'est pas un dictionnaire. En feuilletant celui-ci, il s'accoutumera à son classement et fera en chemin bien des découvertes sur la réalité chinoise. Enfin, on ne saurait trop souligner que l'on n'apprend pas une langue en apprenant des listes de mots mais seulement en les utilisant dans des phrases.

La transcription officielle de Pékin a été utilisée pour la romanisation. Les règles de prononciation en sont données dans le "Manuel de chinois" (Éditions Shangwu, Pékin, 1964), pp. 32 à 96.

Dans la deuxième partie, après chaque mot, l'abréviation indique la nature grammaticale, le nombre renvoie à la page de la première partie où l'on trouvera le sens, enfin l'astérisque après un nom précise que celui-ci peut être employé comme verbe, et après un verbe, que celui-ci peut être employé comme nom.

Notre projet de traduction de ce lexique a été soumis à Monsieur le Conseiller culturel de l'Ambassade de la République populaire de Chine à Paris, qui l'a accueilli avec bienveillance. Qu'il trouve ici l'expression de toute notre reconnaissance.

Nous voudrions également adresser nos remerciements à M. Demiéville, professeur honoraire au Collège de France, ainsi qu'à nos maîtres, M. Gernet, professeur à la Sorbonne, M. Ruhlmann, professeur à l'École nationale des Langues orientales vivantes, et M. Rygaloff, directeur d'études à l'École pratique des Hautes Études, dont les encouragements nous ont été précieux.

M. Tchang Fou jouei, lecteur à la Sorbonne, a bien voulu prendre la peine de relire le manuscrit et nous a fait de très utiles suggestions. Enfin, c'est à Mlle Poon Pui kam, lectrice à la Faculté des Lettres et Sciences humaines de Bordeaux que nous sommes redevable des caractères qui ornent la couverture de ce lexique.

分类細目

一、名 詞

TABLE DES MATIÈRES

1. NOMS

二、动　詞

1、五官（眼、耳、鼻、口、舌）和头部的动作

2、主要用胳臂、手的动作…………………

2. VERBES

1. Actes accomplis par les cinq organes des sens (œil, oreille, nez, bouche, langue) et par la tête 50
2. Actes accomplis principalement par les bras, les mains 51

LISTE DES ABRÉVIATIONS

———

adj.	:	adjectif		*num.*	:	numéral
adv.	:	adverbe		*onomat.*	:	onomatopée
c. o.	:	complément d'objet		p^{esse}	:	formule de politesse
conj.	:	conjonction		p^{le}	:	particule
f.	:	féminin		*pr.*	:	pronom
interj.	:	interjection		*prép.*	:	préposition
m.	:	masculin		*sp.*	:	spécificatif
n.	:	nom		*suff.*	:	suffixe
				v.	:	verbe

一、名詞

1.

天　tiān　　　　　　ciel *m*, jour *m*

天空　tiānkōng　　　firmament *m*

太阳　tàiyang　　　　soleil *m*

阳光　yángguāng　　rayon *m* de soleil *m*

日蚀　rìshí　　　　　éclipse *f* de soleil *m*

月亮　yuèliang　　　lune *f*

卫星　wèixīng　　　satellite *m*

月蚀　yuèshí　　　　éclipse *f* de lune *f*

星星　xīngxing　　　étoile *f*

＝星　xīng　　　　　étoile *f*

地球　dìqiú　　　　　Terre *f*, globe *m*

空气　kōngqì　　　　atmosphère *f*

天气　tiānqi　　　　temps *m* (*atmosphérique*)

气象　qìxiàng　　　phénomène *m* météorologique

晴天　qíngtiān　　　beau temps *m*

阴天　yīntiān　　　temps *m* couvert

风　fēng　　　　　vent *m*

云彩　yúncai　　　nuage *m*

＝云　yún　　　　nuage *m*

雨　yǔ　　　　　pluie *f*

雾气　wùqi　　　brouillard *m*

＝雾　wù　　　　brouillard *m*

露水　lùshuǐ　　　rosée *f*

＝露　lù　　　　rosée *f*

雪　xuě　　　　neige *f*

霜　shuāng　　givre *m*, gelée *f* blanche

冰雹　bīngbáo　grêlon *m*, grêle *f*

＝雹子　báoz　grêlon *m*, grêle *f*

闪电　shǎndiàn　éclair *m*

=闪 shǎn	éclair *m*
雷 léi	tonnerre *m*
虹 jiàng	arc-en-ciel *m*
火 huǒ	feu *m*
烟 yān	fumée *f*
水 shuǐ	eau *f*
冰 bīng	glace *f*
=冰凌 bīnglíng	glace *f*

2.

地 dì	terre *f*, sol *m*
土地 tǔdì	terre *f*, terrain *m*
平原 píngyuán	plaine *f*
草地 cǎodì	prairie *f*
森林 sēnlín	forêt *f*
=树林子 shùlínz	forêt *f*
田地 tiándì	terres *f* cultivées
野外 yěwài	campagne *f*
风景 fēngjǐng	paysage *m*
大陆 dàlù	continent *m*
岛 dǎo	île *f*
岸 àn	rivage *m*, côte *f*, rive *f*
河堤 hédī	digue *f*
山 shān	montagne *f*

山坡 shānpō	versant *m* (*d'une montagne*)
洞 dòng	grotte *f*
坑 kēng	fosse *f*, fossé *m*
河 hé	fleuve *m*, rivière *f*
江 jiāng	fleuve *m*, rivière *f*
沟 gōu	fossé *m*, rigole *f*
湖 hú	lac *m*
池子 chíz	étang *m*, mare *f*
=池塘 chítáng	étang *m*, mare *f*
海 hǎi	mer *f*
水库 shuǐkù	réservoir *m*, lac *m* artificiel

3.

时间 shíjiān	temps *m*, durée *f*
时候 shíhou	temps *m*, moment *m*
功夫 gōngfu	temps *m* disponible
时代 shídài	époque *f*
时期 shíqī	période *f*, époque *f*
现在 xiànzài	maintenant *adv.*, présent *m*
=目前 mùqián	maintenant *adv.*, présent *m*
过去 guòqu	passé *m*
将来 jiānglái	futur *m*
现代 xiàndài	temps *m* présent, moderne *adj.*
古代 gǔdài	antiquité *f*

13

从前 cóngqián	autrefois *adv.*	
=以前 yǐqián	auparavant *adv.*	
以后 yǐhòu	ensuite *adv.*	
=今后 jīnhòu	désormais *adv.*	
后来 hòulai	puis *adv.*, ensuite *adv.*	
最近 zuìjìn	récemment *adv.*	
最初 zuìchū	au début *adv.*, début *m*	
最后 zuìhòu	enfin *adv.*, dernier *adj.*	
年 nián	année *f*, an *m*	
今年 jīnnián	cette année *f*	
去年 qùnián	l'année *f* dernière	
前年 qiánnián	il y a deux ans *m*	
明年 míngnián	l'année *f* prochaine	
后年 hòunián	dans deux ans *m*	
往年 wǎngnián	années *f* passées, autrefois *adv.*	
岁 suì	an *m* (d'âge)	
节气 jiéqì	1/24 de l'année *f*	
季节 jìjié	saison *f*	
春天 chūntiān	printemps *m*	
春季 chūnjì	printemps *m*	
=春 chūn	printemps *m*	
夏天 xiàtiān	été *m*	
夏季 xiàjì	été *m*	

=夏 xià	été *m*	
秋天 qiūtiān	automne *m*	
秋季 qiūjì	automne *m*	
=秋 qiū	automne *m*	
冬天 dōngtiān	hiver *m*	
冬季 dōngjì	hiver *m*	
=冬 dōng	hiver *m*	
寒假 hánjià	vacances *f* d'hiver *m*	
暑假 shǔjià	vacances *f* d'été *m*	
新年 xīnnián	nouvel an *m*	
元旦 yuándàn	jour *m* de l'an *m*	
春节 chūnjié	fête *f* du printemps *m*	
清明 qīngmíng	fête *f* des morts *m*	
端阳节 duānyángjié	fête *f* des bateaux-dragons *m*	
中秋节 zhōngqiūjié	fête *f* de la mi-automne *f*	
冬至 dōngzhì	solstice *m* d'hiver *m*	
除夕 chúxī	veille *f* du nouvel an *m*	
国庆节 guóqìngjié	fête *f* nationale	
"五一" wǔyī	premier mai *m*	
=劳动节 láodòngjié	fête *f* du travail *m*	
月 yuè	mois *m*	
一月 yíyuè	janvier *m*	
=正月 zhēngyuè	janvier *m*	

14

二月	èryuè	février	*m*
三月	sānyuè	mars	*m*
四月	sìyuè	avril	*m*
五月	wǔyuè	mai	*m*
六月	liùyuè	juin	*m*
七月	qíyuè	juillet	*m*
八月	báyuè	août	*m*
九月	jiǔyuè	septembre	*m*
十月	shíyuè	octobre	*m*
十一月	shíyīyuè	novembre	*m*
十二月	shí'èryuè	décembre	*m*
=腊月	làyuè	décembre	*m*
星期	xīngqī	semaine	*f*
星期一	xīngqīyī	lundi	*m*
星期二	xīngqī'èr	mardi	*m*
星期三	xīngqīsān	mercredi	*m*
星期四	xīngqīsì	jeudi	*m*
星期五	xīngqīwǔ	vendredi	*m*
星期六	xīngqīliù	samedi	*m*
星期日	xīngqīrì	dimanche	*m*
日	rì	jour	*m*
=天	tiān	jour	*m*
日子	rìz	jour *m*, journée *f*	

今天	jīntiān	aujourd'hui	*adv.*
昨天	zuótiān	hier	*adv.*
前天	qiántiān	avant-hier	*adv.*
大前天	dàqiántiān	il y a trois jours	*m*
明天	míngtiān	demain	*adv.*
后天	hòutiān	après-demain	*adv.*
大后天	dàhòutiān	dans trois jours	*m*
天天	tiāntiān	tous les jours	*m*
早上	zǎoshang	matin	*m*
=早晨	zǎochen	matin	*m*
天亮	tiānliàng	aube *f*, aurore *f*	
白天	báitiān	journée	*f*
上午	shàngwǔ	matinée	*f*
中午	zhōngwǔ	midi	*m*
=晌午	shǎngwǔ	midi	*m*
午后	wǔhòu	après-midi	*m*
下午	xiàwǔ	après-midi	*m*
傍晚	bàngwǎn	crépuscule	*m*
晚上	wǎnshang	soir *m*, soirée *f*	
夜里	yèli	nuit	*f*
=夜	yè	nuit	*f*
半夜	bànyè	moitié *f* de la nuit *f*, minuit *m*	
整天	zhěngtiān	toute la journée	*f*
半天儿	bàntiānr	demi-journée	*f*

15

=半日	bànrì	demi-journée *f*
成天	chéngtiān	toute la journée *f*
小时	xiǎoshí	heure *f* (1/24 *du jour*)
钟头	zhōngtóu	heure *f* (1/24 *du jour*)
点	diǎn	heure *f* (*moment déterminé du jour*)
刻	kè	quart *m* d'heure *f*
分	fēn	minute *f*
秒	miǎo	seconde *f*

4.

物质	wùzhì	matière *f*
原子	yuánzǐ	atome *m*
原子能	yuánzǐnéng	énergie *f* atomique
分子	fēnzǐ	élément *m*
光	guāng	lumière *f*
影子	yǐngz	ombre *f*
颜色	yánsè	couleur *f*
=色	shǎi	couleur *f*
声音	shēngyīn	bruit *m*, son *m*
气味	qìwei	odeur *f*
味儿	wèir	goût *m*, saveur *f*, odeur *f*
滋味	zīwei	goût *m*, saveur *f*
香味儿	xiāngwèir	parfum *m*
压力	yālì	pression *f*

温度	wēndù	température *f*
电	diàn	électricité *f*
=电气	diànqi	électricité *f*
电流	diànliú	courant *m* électrique
汽	qì	vapeur *f*, gaz *m*
蒸汽	zhēngqì	vapeur *f*
氧气	yǎngqì	oxygène *m*
轻气	qīngqì	hydrogène *m*

5.

矿	kuàng	minerai *m*, mine *f*
矿物	kuàngwù	minéral *m*, minerai *m*
金子	jīnz	or *m*
银子	yínz	argent *m*
铜	tóng	cuivre *m*, bronze *m*
铁	tiě	fer *m*
钢	gāng	acier *m*
钢铁	gāngtiě	acier *m*
锡	xí	étain *m*
铅	qiān	plomb *m*
铝	lǚ	aluminium *m*
=钢精	gāngjīng	aluminium *m*
锈	xiù	rouille *f*, vert-de-gris *m* (*produit de [l'oxydation d'un métal*)

石油 shíyóu	pétrole *m*	
煤油 méiyóu	kérosène *m*, pétrole *m* lampant	
汽油 qìyóu	essence *f*	
煤 méi	charbon *m*	
煤气 méiqì	gaz *m*	
＝瓦斯 wǎsī	gaz *m*	
硫磺 liúhuáng	soufre *m*	
明矾 míngfán	alun *m*	
＝白矾 báifán	alun *m*	
碱 jiǎn	soude *f*	
盐 yán	sel *m*	

石头 shítou	pierre *f*, caillou *m*
土 tǔ	terre *f*
泥 ní	boue *f*, terre *f*
砂子 shāz	gravier *m*, sable *m*
灰尘 huīchén	poussière *f*
灰 huī	cendre *f*, poussière *f*

6.   6.

动物 dòngwù	animal *m*, bête *f*
野兽 yěshòu	bête *f* sauvage
老虎 lǎohǔ	tigre *m*
豹子 bàoz	panthère *f*, léopard *m*
狮子 shīz	lion *m*

猴子 hóuz	singe *m*
象 xiàng	éléphant *m*
熊 xióng	ours *m*
狼 láng	loup *m*
鹿 lù	cerf *m*
狐狸 húli	renard *m*
兔子 tùz	lapin *m*, lièvre *m*
老鼠 lǎoshu	rat *m*, souris *f*

畜牲 chùsheng	bête *f*, animal *m* domestique
牲口 shēngkou	bétail *m*
牛 niú	bœuf *m*
馬 mǎ	cheval *m*
驴 lú	âne *m*
騾子 luóz	mulet *m*
駱駝 luòtuo	chameau *m*, dromadaire *m*
猪 zhū	porc *m*
羊 yáng	mouton *m*, chèvre *f*
山羊 shānyáng	chèvre *f*
綿羊 miányáng	mouton *m*
狗 gǒu	chien *m*
猫 māo	chat *m*

鳥儿 niǎor	oiseau *m*
老鷹 lǎoyīng	aigle *m*, faucon *m*
大雁 dàyàn	oie *f* sauvage

17

燕子	yànz	hirondelle *f*
烏鴉	wūyā	corbeau *m*
喜鵲	xǐque	pie *f*
麻雀	máquè	moineau *m*
鴿子	gēz	pigeon *m*, colombe *f*
鸡	jī	poule *f*, poulet *m*
公鸡	gōngjī	coq *m*
母鸡	mǔjī	poule *f*
鸭子	yāz	canard *m*
鵝	é	oie *f*

魚	yú	poisson *m*
鯽魚	jìyú	perche *f*
鯉魚	lǐyú	carpe *f*
虾	xiā	crevette *f*
螃蟹	pángxie	crabe *m*
青蛙	qīngwā	grenouille *f*
烏龟	wūguī	tortue *f*

虫子	chóngz	insecte *m*
蚕	cán	ver *m* à soie *f*
蜜蜂	mìfēng	abeille *f*
蝴蝶	húdié	papillon *m*
蜻蜓	qīngtíng	libellule *f*
蝗虫	huángchóng	sauterelle *f*

螞蟻	mǎyǐ	fourmi *f*
蜘蛛	zhīzhu	araignée *f*
蒼蝇	cāngying	mouche *f*
蚊子	wénz	moustique *m*
臭虫	chòuchong	punaise *f*
虱子	shīz	pou *m*
跳蚤	tiàozao	puce *f*

蛇	shé	serpent *m*
蝎子	xiēz	scorpion *m*

翅膀	chìbǎng	aile *f*
尾巴	wěiba	queue *f*
毛	máo	poil *m*, plume *f*
皮	pí	peau *f*
蹄子	tíz	sabot *m*
角	jiǎo	corne *f*
壳儿	kér	coquille *f*
蛋儿	dànr	œuf *m*
茧儿	jiǎnr	cocon *m*
蛆	qū	ver *m*, larve *f*
窝	wō	nid *m*

7.   **7.**

植物	zhíwù	plante *f*

树 shù	arbre _m_
草 cǎo	herbe _f_
竹子 zhúz	bambou _m_
藤子 téngz	rotang _m_, rotin _m_
松树 sōngshù	pin _m_, sapin _m_
柏树 bǎishù	cyprès _m_, thuya _m_
槐树 huáishù	sophora _m_, acacia _m_
榆树 yúshù	orme _m_
桑树 sāngshù	mûrier _m_
柳树 liǔshù	saule _m_
杨树 yángshù	peuplier _m_
杨柳 yángliǔ	saule _m_
梧桐 wútong	sterculier _m_, paulownia _m_
椿树 chūnshù	cédrèle _m_, vernis _m_ du Japon
果树 guǒshù	arbre _m_ fruitier
杏树 xìngshù	abricotier _m_
桃树 táoshù	pêcher _m_
梨树 líshù	poirier _m_
枣树 zǎoshù	jujubier _m_
杏花 xìnghuā	fleur _f_ d'abricotier _m_
桃花 táohuā	fleur _f_ de pêcher _m_
李花 lǐhuā	fleur _f_ de prunier _m_
梅花 méihuā	fleur _f_ de prunier _m_ Mumé

桂花 guìhuā	fleur _f_ de cannelier _m_
海棠花 hǎitánghuā	fleur _f_ de pommier _m_ d'api _m_
牡丹 mǔdan	pivoine _f_ arborescente
芍药 sháoyao	pivoine _f_ herbacée
荷花 héhuā	fleur _f_ de lotus _m_
月季花 yuèjìhuā	églantine _f_
菊花 júhuā	chrysanthème _m_
根儿 gēnr	racine _m_
芽儿 yár	bourgeon _m_
秆子 gǎnz	tige _f_
茎 jīng	tige _f_
枝儿 zhīr	branche _f_, rameau _m_
树枝 shùzhī	branche _f_
树皮 shùpí	écorce _f_
叶子 yèz	feuille _f_
花儿 huār	fleur _f_
种子 zhǒngz	graine _f_

8.   8.

庄稼 zhuāngjia	cultures _f_, récolte _f_ sur pied _m_
麦子 màiz	blé _m_, orge _m_
小麦 xiǎomài	blé _m_
大麦 dàmài	orge _m_
稻子 dàoz	riz _m_

谷子	gǔz	millet *m*
玉蜀黍	yùshǔshǔ	maïs *m*
=玉米	yùmǐ	maïs *m*
高粱	gāoliang	sorgho *m*
豆子	dòuz	légumineuse *f* : pois *m*, fève *f*, etc.
黄豆	huángdòu	soja *m*, soya *m*
大豆	dàdòu	soja *m*, soya *m*
绿豆	lǜdòu	petit pois *m* vert
扁豆	biǎndòu	haricot *m* vert
豌豆	wāndòu	petit pois *m*
蚕豆	cándòu	fève *f*
棉花	miánhua	coton *m*
麻	má	plante *f* textile : lin *m*, ramie *f*, etc.
芝麻	zhīma	sésame *m*
花生	huāshēng	arachide *f*, cacahuète *f*
=落花生	luòhuāshēng	arachide *f*, cacahuète *f*
向日葵	xiàngrìkuí	tournesol *m*
甘薯	gānshǔ	patate *f* douce
=白薯	báishǔ	patate *f* douce
马铃薯	mǎlíngshǔ	pomme *f* de terre *f*
=土豆儿	tǔdòur	pomme *f* de terre *f*
芋头	yùtou	taro *m*
菜	cài	légume *m*, plat *m*
青菜	qīngcài	légume *m* vert

萝卜	luóbo	navet *m*, carotte *f*, radis *m*
白菜	báicài	chou *m* chinois
菠菜	bōcài	épinard *m*
芹菜	qíncài	céleri *m*
韭菜	jiǔcài	ciboule *f* (à goût alliacé)
葱	cōng	oignon *m*
蒜	suàn	ail *m*
姜	jiāng	gingembre *m*
辣椒	làjiāo	poivron *m*, piment *m*
黄瓜	huánggua	concombre *m*
南瓜	nángua	citrouille *f*
冬瓜	dōnggua	courge *f*
茄子	qiéz	aubergine *f*
西红柿	xīhóngshì	tomate *f*
=番茄	fānqié	tomate *f*
豆芽儿	dòuyar	pousse *f* de soja *m*
竹笋	zhúsǔn	pousse *f* de bambou *m*
=笋	sǔn	pousse *f* de bambou *m*
藕	ǒu	racine *f* de lotus *m*
蘑菇	mógu	champignon *m*
果子	guǒz	fruit *m*
水果	shuǐguǒ	fruit *m* frais
桃儿	táor	pêche *f*
杏儿	xìngr	abricot *m*

梨	lí	poire *f*
柿子	shìz	kaki *m*
桔子	júz	mandarine *f*, orange *f*
石榴	shíliu	grenade *f*
栗子	lìz	châtaigne *f*, marron *m*
枣儿	zǎor	jujube *f*
核桃	hétao	noix *f*
樱桃	yīngtao	cerise *f*
葡萄	pútao	raisin *m*
苹果	píngguǒ	pomme *f*
香蕉	xiāngjiāo	banane *f*
甘蔗	gānzhè	canne *f* à sucre *m*
荸荠	bíqi	châtaigne *f* d'eau *f*
西瓜	xīgua	pastèque *f*
甜瓜	tiángua	melon *m*
瓜子儿	guāzǐr	graine *f* de pastèque *f*

9.

粮食	liángshi	produits *m* alimentaires de base
=粮	liáng	(céréales et féculents)
面粉	miànfěn	farine *f* de blé *m*
=面	miàn	farine *f* de blé *m*
米	mǐ	grain *m* décortiqué
大米	dàmǐ	riz *m* décortiqué
小米	xiǎomǐ	millet *m* décortiqué

高粱米	gāoliangmǐ	sorgho *m* décortiqué
玉米面	yùmǐmiàn	farine *f* de maïs *m*
糠	kāng	son *m*, balle *f*

伙食	huǒshi	nourriture *f*, aliment *m*
饭	fàn	riz *m* cuit, repas *m*
早饭	zǎofàn	petit déjeuner *m*
午饭	wǔfàn	déjeuner *m*
晚饭	wǎnfàn	dîner *m*
馒头	mántou	petit pain *m* cuit à la vapeur *(farine de*
面条儿	miàntiáor	nouille *f* [*blé)*
包子	bāoz	petit pain *m* farci
烧饼	shāobing	galette *f* au sésame *m*
烙饼	làobǐng	galette *f*
窝头	wōtóu	petit pain *m* cuit à la vapeur *(farine de*
饺子	jiǎoz	ravioli *m* [*maïs, millet)*
面包	miànbāo	pain *m*
糕	gāo	gâteau *m*
点心	diǎnxin	gâteau *m*, pâtisserie *f*
饼干	bǐnggān	biscuit *m*, gâteau *m* sec

米饭	mǐfàn	riz *m* cuit
干饭	gānfàn	riz *m* cuit à la chinoise
粥	zhōu	bouillie *f* de riz *m*
=稀饭	xīfàn	bouillie *f* de riz *m*

21

粉条儿	féntiáor	vermicelle *m* de riz *m* et de haricot *m*
豆腐	dòufu	fromage *m* de soja *m*
肉	ròu	viande *f*, viande *f* de porc *m*
猪肉	zhūròu	viande *f* de porc *m*
牛肉	niúròu	viande *f* de bœuf *m*
羊肉	yángròu	viande *f* de mouton *m*
鸡蛋	jīdàn	œuf *m* de poule *f*
＝鸡子儿	jīzǐr	œuf *m* de poule *f*
鸭蛋	yādàn	œuf *m* de cane *f*
牛奶	niúnǎi	lait *m*
蜂蜜	fēngmì	miel *m*
＝蜜	mì	miel *m*
咸菜	xiáncài	légume *m* salé
糖	táng	sucre *m*
白糖	báitáng	sucre *m* blanc
红糖	hóngtáng	cassonade *f*
醋	cù	vinaigre *m*
酱	jiàng	pâte *f* de haricots *m* fermentés
酱油	jiàngyóu	sauce *f* de soja *m*
油	yóu	graisse *f*, huile *f*
香油	xiāngyóu	huile *f* de sésame *m*
豆油	dòuyóu	huile *f* de soja *m*
花生油	huāshēngyóu	huile *f* d'arachide *f*

22

茶	chá	thé *m*
茶叶	cháyè	feuille *f* de thé *m*, thé *m*
开水	kāishuǐ	eau *f* bouillante
汤	tāng	soupe *f*, potage *m*
汽水	qìshuǐ	eau *f* gazeuse, limonade *f*
酒	jiǔ	eau-de-vie *f*, vin *m*
烟	yān	tabac *m*
纸烟	zhǐyān	cigarette *f*

10.

衣服	yīfu	vêtement *m*, habit *m*
＝衣裳	yīshang	vêtement *m*, habit *m*
制服	zhìfú	uniforme *m*
西服	xīfú	costume *m* occidental
布	bù	étoffe *f*, toile *f*
棉布	miánbù	étoffe *f* de coton *m*
棉絮	miánxù	ouate *f*
丝	sī	soie *f*
绸子	chóuz	étoffe *f* de soie *f*, soierie *f*
缎子	duànz	satin *m*, brocart *m*
呢子	níz	drap *m*, tissu *m* de laine *f*
棉纱	miánshā	filé *m* de coton *m*
毛线	máoxiàn	fil *m* de laine *f*

长袍	chángpáo	robe *f* chinoise (*d'homme*)
衫儿	shānr	chemise *f*, robe *f* non doublée
衬衣	chènyī	chemise *f*, corsage *m*
汗衫	hànshān	gilet *m* de corps *m*
背心	bèixīn	gilet *m*, veste *f* sans manches *f*
夹袄	jiá'ǎo	veste *f* doublée
棉袄	mián'ǎo	veste *f* ouatée
毛衣	máoyī	pull-over *m*, gilet *m* de laine *f*
皮袄	pí'ǎo	veste *f* doublée de fourrure *f*
大衣	dàyī	pardessus *m*, manteau *m*
雨衣	yǔyī	imperméable *m*
裤子	kùz	pantalon *m*
裤叉儿	kùchǎr	caleçon *m*
裙子	qúnz	jupe *f*
带子	dàiz	ceinture *f*
腰带	yāodài	ceinture *f*, ceinturon *m*
皮带	pídài	ceinture *f* de cuir *m*
帽子	màoz	coiffure *f*, chapeau *m*, casquette *f*
草帽	cǎomào	chapeau *m* de paille *f*
便帽	biànmào	bonnet *m*
礼帽	lǐmào	chapeau *m* de cérémonie *f*
鞋	xié	chaussure *f*, sandale *f*
草鞋	cǎoxié	sandale *f* de paille *f*
布鞋	bùxié	chaussure *f* de coton *m*

皮鞋	píxié	chaussure *f* de cuir *m*
胶鞋	jiāoxié	chaussure *f* de caoutchouc *m*
靴子	xuēz	botte *f*
头巾	tóujīn	turban *m*, foulard *m* de tête *f*
围巾	wéijīn	écharpe *f*, cache-nez *m*
手套	shǒutào	gant *m*
袜子	wàz	chaussette *f*, socquette *f*, bas *m*
毛巾	máojīn	serviette-éponge *f*
手巾	shǒujin	serviette *f* de toilette *f*
手绢儿	shǒujuànr	mouchoir *m*
领子	lǐngz	col *m*
袖子	xiùz	manche *f*
口袋儿	kǒudair	poche *f*
扣子	kòuz	bouton *m*
面儿	miànr	endroit *m*
里儿	lǐr	envers *m*, doublure *f*

11.

人家儿	rénjiār	famille *f*
处	chù	lieu *m*, endroit *m*
住处	zhùchù	domicile *m*, résidence *f*
地点	dìdiǎn	lieu *m*
地址	dìzhǐ	adresse *f* (*domicile*)

23

通訊处 tōngxùnchù	adresse *f (de correspondance)*	

房屋 fángwū	maison *f*
房子 fángz	maison *f*
=屋子 wūz	pièce *f*
楼 lóu	maison *f* à étages *m*
院子 yuànz	cour *f*

办公室 bàngōngshì	bureau *m*
会客室 huìkèshì	salle *f* de réception *f*, salon *m*
=客厅 kètīng	salle *f* de réception *f*, salon *m*
宿舍 sùshè	logement *m*, bâtiment *m* d'habitation *f*
厨房 chúfáng	cuisine *f*
厕所 cèsuǒ	cabinets *m*, water-closet *m*

教室 jiàoshì	salle *f* de classe *f*
礼堂 lǐtáng	salle *f* des fêtes *f*
俱乐部 jùlèbù	club *m*
图书馆 túshūguǎn	bibliothèque *f*
文化馆 wénhuàguǎn	palais *m* de la culture *f*
博物馆 bówùguǎn	musée *m*
展览会 zhǎnlǎnhuì	exposition *f*
电影院 diànyǐngyuàn	cinéma *m*
戏院 xìyuàn	théâtre *m*
澡堂 zǎotáng	établissement *m* de bains *m*

=浴室 yùshì	établissement *m* de bains *m*
理发馆 lǐfàguǎn	salon *m* de coiffure *f*
食堂 shítáng	cantine *f*, réfectoire *m*
饭店 fàndiàn	restaurant *m*
茶馆 cháguǎn	maison *f* de thé *m*
旅馆 lǚguǎn	hôtel *m*, auberge *f*
=旅社 lǚshè	hôtel *m*, auberge *f*

广场 guǎngchǎng	place *f*
会场 huìchǎng	lieu *m* de réunion *f*
商场 shāngchǎng	marché *m*, centre *m* commercial
操场 cāochǎng	terrain *m* de sport *m*
运动场 yùndòngchǎng	stade *m*, terrain *m* de sport *m*
游泳池 yóuyǒngchí	piscine *f*
公园 gōngyuán	jardin *m* public
花园 huāyuán	jardin *m* d'agrément *m*

房顶 fángdǐng	toit *m*
墙 qiáng	mur *m*
=墙壁 qiángbì	mur *m*
柱子 zhùz	pilier *m*, colonne *f*
门 mén	porte *f*
大门 dàmén	porte *f* principale
门口 ménkǒu	porte *f* d'entrée *f*
窗户 chuānghu	fenêtre *f*

＝窗子	chuāngz		fenêtre *f*
地板	dìbǎn		plancher *m*
楼梯	lóutī		escalier *m*
走廊	zǒuláng		couloir *m*, galerie *f*
炕	kàng		kang *m*, lit *m* de maçonnerie *f* (*briques, etc.*)
烟筒	yāntong		cheminée *f*
井	jǐng		puits *m*
窖	jiào		cave *f*, silo *m*
坟墓	fénmù		tombe *f*

12.

12.

家具	jiāju	meuble *m*
东西	dōngxi	objet *m*
物件	wùjiàn	objet *m*, chose *f*
桌子	zhuōz	table *f*
椅子	yǐz	chaise *f*
発子	dèngz	banc *m*, tabouret *m*
床	chuáng	lit *m*
柜子	guìz	armoire *f*, coffre *m*
箱子	xiāngz	malle *f*, coffre *m*
抽屉	chōuti	tiroir *m*
盒子	héz	boîte *f*

书架	shūjià	étagère *f* à livres *m*
茶几	chájī	table *f* à thé *m*
鋪盖	pūgai	literie *f*
被子	bèiz	couverture *f*
褥子	rùz	matelas *m*
被窝	bèiwo	couverture *f* pliée en forme de sac *m*
被单儿	bèidānr	drap *m*
垫子	diànz	coussin *m*
毯子	tǎnz	tapis *m*, dessus *m* de lit *m*
席子	xíz	natte *f*
枕头	zhěntou	oreiller *m*
蚊帐	wénzhàng	moustiquaire *f*
帘子	liánz	rideau *m*
包袱	bāofu	paquet *m*, baluchon *m*
臉盆	liǎnpén	cuvette *f*
肥皂	féizào	savon *m*
肥皂盒	féizàohé	boîte *f* à savon *m*
牙刷子	yáshuāz	brosse *f* à dents *f*
牙粉	yáfěn	poudre *f* dentifrice
牙膏	yágāo	pâte *f* dentifrice
鏡子	jìngz	glace *f*, miroir *m*
梳子	shūz	peigne *m*
刷子	shuāz	brosse *f*

扫帚 sàozhou	balai *m*	
鸡毛撢子 jīmáodǎnz	plumeau *m*	
灶火 zàohuo	fourneau *m*, foyer *m*	
锅 guō	casserole *f*, marmite *f*	
蒸籠 zhēnglóng	tamis *m* de bambou *m* pour cuire à la [vapeur *f*]	
勺子 sháoz	écumoire *f*, louche *f*	
刀子 dāoz	couteau *m*	
碗 wǎn	bol *m*	
飯碗 fànwǎn	bol *m* à riz *m*	
茶碗 cháwǎn	bol *m* à thé *m*	
盘子 pánz	assiette *f*, plat *m*	
碟子 diéz	soucoupe *f*, petite assiette *f*	
烟袋 yāndài	pipe *f*	
筷子 kuàiz	baguette *f*	
匙子 chíz	cuiller *f*	
＝调羹 tiáogēng	cuiller *f*	
暖水瓶 nuǎnshuǐpíng	bouteille *f* thermos	
茶壶 cháhú	théière *f*	
茶杯 chábēi	tasse *f* à thé *m*, verre *m* à thé *m*	
瓶子 píngz	bouteille *f*	
炉子 lúz	poêle *m*, réchaud *m*	
柴火 cháihuo	bois *m* de chauffage *m*	
＝柴 chái	bois *m* de chauffage *m*	

木炭 mùtàn	charbon *m* de bois *m*	
＝炭 tàn	charbon *m* de bois *m*	
煤球儿 méiqiúr	boulet *m*	
火柴 huǒchái	allumette *f*	
稻草 dàocǎo	paille *f* de riz *m*	
自来水 zìláishuǐ	eau *f* courante	
水管子 shuǐguǎnz	conduite *f* d'eau *f*	
缸 gāng	jarre *f*	
桶 tǒng	seau *m*, tonneau *m*	
水桶 shuǐtǒng	seau *m* à eau *f*	
水瓢 shuǐpiáo	moitié *f* de calebasse *f* pour puiser l'eau *f*	
灯 dēng	lampe *f*	
电灯 diàndēng	lampe *f* électrique	
油灯 yóudēng	lampe *f* à huile *f*	
煤油灯 méiyóudēng	lampe *f* à pétrole *m*	
电灯泡儿 diàndēngpàor	ampoule *f* électrique	
灯罩 dēngzhào	abat-jour *m*	
蜡烛 làzhú	bougie *f*	
手电 shǒudiàn	lampe *f* de poche *f*	
电池 diànchí	pile *f*, accumulateur *m*	
灯籠 dēnglong	lanterne *f*, lampion *m*	
纸 zhǐ	papier *m*	

26

笔　bǐ	pinceau *m*, crayon *m*
毛笔　máobǐ	pinceau *m*
钢笔　gāngbǐ	porte-plume *m*, stylo *m*
钢笔尖儿　gāngbǐjiānr	plume *f*
笔杆儿　bǐgǎnr	porte-plume *m*
铅笔　qiānbǐ	crayon *m*
自来水笔　zìláishuǐbǐ	stylo *m*
笔筒　bǐtǒng	pot *m* à pinceaux *m*
墨　mò	encre *f*
墨水儿　mòshuǐr	encre *f* à stylo *m*
墨盒儿　mòhér	boîte *f* à encre *f*
砚台　yàntai	encrier *m* chinois
笔记本　bǐjìběn	cahier *m*
练习本　liànxíběn	cahier *m* d'exercice *m*
黑板　hēibǎn	tableau *m* noir
石板　shíbǎn	ardoise *f*
粉笔　fěnbǐ	craie *f*
板擦儿　bǎncār	torchon *m* à tableau *m*
图钉　túdīng	punaise *f*
图章　túzhang	sceau *m*
书包　shūbāo	serviette *f*, cartable *m*
浆糊　jiànghu	colle *f* de pâte *f*
算盘　suànpan	abaque *m*, boulier *m*
秤　chèng	balance *f*

尺　chǐ	pied *m* (mesure de longueur : 0,33 m)
升子　shēngz	pinte *f* (mesure de capacité : 1 l)
斗　dǒu	boisseau *m* (mesure de capacité : 10 l)
针　zhēn	aiguille *f*
剪子　jiǎnz	ciseaux *m*
线　xiàn	fil *m*
绳子　shéngz	ficelle *f*
日历　rìlì	calendrier *m*
钟　zhōng	cloche *f*, pendule *f*
表　biǎo	montre *f*
手表　shǒubiǎo	montre-bracelet *f*
眼镜儿　yǎnjìngr	lunettes *f*
伞　sǎn	ombrelle *f*, parasol *m*
雨伞　yǔsǎn	parapluie *m*
扇子　shànz	éventail *m*
锁　suǒ	serrure *f*
钥匙　yàoshi	clé *f*
链子　liànz	chaîne *f*
球　qiú	balle *f*, ballon *m*, boule *f*
皮球　píqiú	ballon *m*
排球　páiqiú	**ballon** *m* de volley-ball *m*, volley-ball *m*

籃球　lánqiú　　　ballon _m_ de basket _m_, basket-ball _m_
足球　zúqiú　　　ballon _m_ de football _m_, football _m_
乒乓球　pīngpāngqiú balle _f_ de ping-pong _m_, ping-pong _m_

13.

工具　gōngjù　　　outil _m_
斧子　fǔz　　　　hache _f_
　＝斧头　fǔtou　　hache _f_
錘子　chuíz　　　marteau _m_
鉗子　qiánz　　　tenaille _f_, pince _f_
凿子　záoz　　　ciseau _m_, burin _m_
鋸子　jùz　　　　scie _f_
钻　zuàn　　　　vrille _f_, foret _m_
剉　cuò　　　　lime _f_
刨子　bàoz　　　rabot _m_
铁锨　tiěxiān　　pelle _f_
鎬　gǎo　　　　pic _m_, pioche _f_
　＝鎬头　gǎotou　pic _m_, pioche _f_
鏟子　chǎnz　　　bêche _f_
鈎子　gōuz　　　crochet _m_
釘子　dīngz　　　clou _m_, pointe _f_
錐子　zhuīz　　　poinçon _m_, alêne _f_
梯子　tīz　　　　échelle _f_
架子　jiàz　　　charpente _f_, échafaudage _m_
管子　guǎnz　　　tube _m_, tuyau _m_

杠子　gàngz　　　bâton _m_
筐子　kuāngz　　　panier _m_, corbeille _f_
篓子　lǒuz　　　panier _m_, manne _f_
麻袋　mádài　　　sac _m_ de jute _m_

机械　jīxiè　　　machine _f_
机器　jīqi　　　machine _f_, appareil _m_
車床　chēchuáng　machine-outil _f_
电动机　diàndòngjī　moteur _m_ électrique
馬达　mada　　　moteur _m_
水泵　shuǐbèng　pompe _f_ à eau _f_
水車　shuǐchē　　noria _f_
拖拉机　tuōlājī　tracteur _m_
收割机　shōugējī　moissonneuse _f_
軋花机　yàhuājī　égreneuse _f_ à coton _m_
縫級机　féngrènjī　machine _f_ à coudre
风箱　fēngxiang　soufflet _m_

轆轤　lùlu　　　poulie _f_, treuil _m_
滑車　huáchē　　poulie _f_
輪子　lúnz　　　roue _f_
車軸　chēzhóu　essieu _m_, axe _m_

电門　diànmén　bouton _m_ électrique
开关　kāiguān　commutateur _m_

28

插销 chāxiāo	prise *f* de courant *m*	
闸 zhá	interrupteur *m*, frein *m*	
电线 diànxiàn	fil *m* électrique	
农具 nóngjù	outil *m* agricole	
犁 lí	charrue *f*	
双铧犁 shuānghuálí	charrue *f* bissoc	
耙 bà	râteau *m*, herse *f*	
锄头 chútou	houe *f*	
镰刀 liándāo	faucille *f*, faux *f*	
扁担 biǎndan	palanche *f*	
麻绳 máshéng	corde *f* de chanvre *m*	
簸箕 bòji	van *m*	
罗 luó	tamis *m*	
筛子 shāiz	tamis *m*	
磨 mò	moulin *m*	
碾子 niǎnz	rouleau *m* à décortiquer le grain *m*	
滚子 gǔnz	rouleau *m* à décortiquer le grain *m*	
风车 fēngchē	tarare *m*, noria *f* à vent	
喷雾器 pēnwùqì	pulvérisateur *m*	
底儿 dǐr	fond *m*	
盖儿 gàir	couvercle *m*	
圈子 quānz	cercle *m*	
条子 tiáoz	bande *f*	

网 wǎng	filet *m*	
鱼网 yúwǎng	filet *m* à poisson *m*	
钓钩 diàogōu	hameçon *m*	
钓竿 diàogān	canne *f* à pêche *f*	
旗子 qíz	drapeau *m*, bannière *f*	
招牌 zhāopái	enseigne *f*	
牌儿 páir	pancarte *f*	
材料 cáiliào	matériaux *m*	
原料 yuánliào	matière *f* première	
水泥 shuǐní	ciment *m*	
＝洋灰 yánghuī	ciment *m*	
石灰 shíhuī	chaux *f*	
木头 mùtou	bois *m*	
木料 mùliào	bois *m* de construction *f*	
玻璃 bōli	verre *m*	
砖头 zhuāntou	brique *f*	
＝砖 zhuān	brique *f*	
瓦 wǎ	tuile *f*	
皮子 píz	cuir *m*	
肥料 féiliào	fertilisant *m*, engrais *m*	

14.

14.

身体 shēntǐ	corps *m*

29

身子 shēnz	corps *m*	
高个儿 gāogèr	homme *m* de grande taille *f*	
矮子 ǎiz	homme *m* de petite taille *f*, nain *m*	
胖子 pàngz	homme *m* gros	
瘦子 shòuz	homme *m* maigre	
样子 yàngz	air *m*, aspect *m*	
模样 múyàng	air *m* du visage *m*	
头 tóu	tête *f*	
=脑袋 nǎodai	tête *f*	
脑子 nǎoz	cerveau *m*	
头发 tóufa	chevelure *f*, cheveu *m*	
脸 liǎn	visage *m*	
脸色 liǎnsè	teint *m*, mine *f*	
腮 sāi	joue *f*	
眉毛 méimao	sourcil *m*	
眼睛 yǎnjing	œil *m*	
=眼 yǎn	œil *m*	
鼻子 bíz	nez *m*	
鼻孔 bíkǒng	narine *f*	
耳朵 ěrduo	oreille *f*	
嘴 zuǐ	bouche *f*	
=嘴巴 zuǐba	bouche *f*	
嘴唇 zuǐchún	lèvre *f*	

舌头 shétou	langue *f*	
喉咙 hóulong	gorge *f*	
=嗓子 sǎngz	gorge *f*	
牙齿 yáchǐ	dent *f*	
=牙 yá	dent *f*	
胡子 húz	barbe *f*	
脖子 bóz	cou *m*	
肩膀儿 jiānbǎngr	épaule *f*	
胸脯 xiōngpú	poitrine *f*, torse *m*	
背 bèi	dos *m*	
腰 yāo	taille *f*, reins *m*	
肚子 dùz	ventre *m*	
屁股 pìgu	derrière *m*, fesses *f*	
胳臂 gēbei	bras *m*	
手腕子 shǒuwànz	poignet *m*	
手 shǒu	main *f*	
手掌 shǒuzhǎng	paume *f* de la main *f*	
手心 shǒuxīn	paume *f* de la main *f*	
拳头 quántou	poing *m*	
手指头 shǒuzhítou	doigt *m*	
=指头 zhítou	doigt *m*	
腿 tuǐ	jambe *f*	
膝盖 xīgài	genou *m*	

30

脚 jiǎo	pied *m*	
脚指头 jiǎozhítou	orteil *m*, doigt *m* de pied *m*	
指甲 zhījia	ongle *m*	
奶头 nǎitóu	sein *m*	
肌肉 jīròu	muscle *m*	
皮肤 pífu	peau *f*	
骨头 gútou	os *m*	
心 xīn	cœur *m*	
＝心脏 xīnzàng	cœur *m*	
肝 gān	foie *m*	
肺 fèi	poumon *m*	
胃 wèi	estomac *m*	
肠子 chángz	intestin *m*	
筋 jīn	muscle *m*, tendon *m*	
神经 shénjīng	nerf *m*	
寒毛 hánmao	poil *m*	
血 xiě	sang *m*	
汗 hàn	sueur *f*	
奶 nǎi	lait *m*	
眼泪 yǎnlèi	larme *f*	
唾沫 tuòmo	salive *f*	
痰 tán	crachat *m*	
鼻涕 bíti	morve *f*	
大便 dàbiàn	excrément *m*	

屎 shǐ	excrément *m*, merde *f*	
小便 xiǎobiàn	urine *f*	
尿 niào	urine *f*	
屁 pì	pet *m*	
生命 shēngmìng	vie *f*	
性命 xìngmìng	vie *f*	
力量 lìliang	force *f*, vigueur *f*, énergie *f*	
＝力气 lìqi	force *f*, vigueur *f*, énergie *f*	

15   15.

体育 tǐyù	éducation *f* physique	
健康 jiànkāng	bonne santé *f*	
体操 tǐcāo	gymnastique *f*	
运动 yùndong	sport *m*, mouvement *m*	
比赛 bǐsài	compétition *f*, match *m*	
赛跑 sàipǎo	course *f* à pied *m*	
跳高 tiàogāo	saut *m* en hauteur *f*	
跳远 tiàoyuǎn	saut *m* en longueur *f*	
赛球 sàiqiú	match *m* (jeux de ballon)	
游泳 yóuyǒng	natation *f*	
赛马 sàimǎ	course *f* de chevaux *m*	
卫生 wèishēng	hygiène *f*, santé *f* publique	

31

大扫除　dàsǎochú	grand nettoyage *m*
垃圾　lājī	ordure *f*
伤　shāng	blessure *f*
病　bìng	maladie *f*
毛病　máobing	maladie *f*, défaut *m*
伤风　shāngfēng	rhume *m*
感冒　gǎnmào	rhume *m*, grippe *f*
痢疾　lìji	diarrhée *f*, dysenterie *f*
伤寒　shānghán	fièvre *f* typhoïde
霍乱　huòluàn	choléra *m*
肺病　fèibìng	tuberculose *f* pulmonaire
疹子　zhěnz	rougeole *f*
天花　tiānhuā	variole *f*
疮　chuāng	furoncle *m*, bouton *m*
疯　fēng	folie *f*
神经病　shénjīngbìng	maladie *f* nerveuse, maladie *f* mentale
医院　yīyuàn	hôpital *m*
诊疗所　zhěnliáosuǒ	dispensaire *m*
药房　yàofáng	pharmacie *f*
門診　ménzhěn	consultation *f*
外科　wàikē	chirurgie *f*
內科　nèikē	médecine *f* générale
小儿科　xiǎo'érkē	pédiatrie *f*

药　yào	médicament *m*, remède *m*
方子　fāngz	ordonnance *f*

16.

人　rén	être *m* humain, personne *f*
人人　rénrén	tout le monde *m*
男人　nánrén	homme *m*
＝男　nán	homme *m*
女人　nǔrén	femme *f*
＝女　nǔ	femme *f*
妇女　fùnǔ	femme *f*
老人　lǎorén	personne *f* âgée
老头儿　lǎotóur	vieillard *m*
老太婆　lǎotàipó	vieille femme *f*
大人　dàrén	adulte *m*
青年　qīngnián	jeune *m*, jeunesse *f*
少年　shàonián	adolescent *m*
儿童　értóng	enfant *m*
孩子　háiz	enfant *m*
小孩子　xiǎoháiz	petit enfant *m*
＝小孩儿　xiǎoháir	petit enfant *m*
女孩子　nǔháiz	petite fille *f*, fillette *f*
姑娘　gūniang	fille *f*, jeune fille *f*

32

爸爸	bàba	papa *m*	
=父亲	fùqin	père *m*	
妈妈	māma	maman *f*	
=母亲	mǔqin	mère *f*	
=妈	mā	maman *f*	
爷爷	yéye	grand-papa *m* (*paternel*)	
=祖父	zǔfù	grand-père *m* (*paternel*)	
奶奶	nǎinai	grand-maman *f* (*paternelle*)	
=祖母	zǔmǔ	grand-mère *f* (*paternelle*)	
哥哥	gēge	frère *m* aîné	
嫂嫂	sǎosao		
=嫂子	sǎoz	belle-sœur *f* (*femme du frère aîné*)	
弟弟	dìdi	frère *m* cadet	
弟兄	dìxiong	frères *m*	
兄弟	xiōngdì	frère *m* cadet	
姐姐	jiějie	sœur *f* aînée	
妹妹	mèimei	sœur *f* cadette	
姐妹	jiěmèi	sœurs *f*	
儿子	érz	fils *m*	
女儿	nǚ'er	fille *f*	
闺女	guīnü	fille *f*	
孙子	sūnz	petit-fils *m*	
孙女	sūnnü	petite-fille *f*	
丈夫	zhàngfu	mari *m*	

妻子	qīzǐ	épouse *f*, femme *f*	
=老婆	lǎopo	épouse *f*, femme *f*	
夫妻	fū-qī	mari *m* et femme *f*	[reuse *f*
爱人	àiren	époux *m*, épouse *f*, amoureux *m*, amou-	
公公	gōnggong	beau-père *m* (*de la femme*), grand-père *m*	
婆婆	pópo	belle-mère *f* (*de la femme*), grand-mère *f*	
媳妇	xífu	bru *f*, belle-fille *f*	
伯伯	bóbo	oncle *m* (*frère aîné du père*)	
=伯父	bófù	oncle *m* (*frère aîné du père*)	
伯母	bómǔ	tante *f* (*femme du frère aîné du père*)	
叔叔	shūshu	oncle *m* (*frère cadet du père*)	
=叔父	shūfù	oncle *m* (*frère cadet du père*)	
婶子	shénz	tante *f* (*femme du frère cadet du père*)	
=叔母	shūmǔ	tante *f* (*femme du frère cadet du père*)	
侄儿	zhír	neveu *m* (*fils du frère*)	
=侄子	zhíz	neveu *m* (*fils du frère*)	
侄女	zhínü	nièce *f* (*fille du frère*)	
姑姑	gūgu	tante *f* (*sœur du père*)	
=姑母	gūmǔ	tante *f* (*sœur du père*)	
亲戚	qīnqi	parents *m* (*par le sang et par alliance*)	
岳父	yuèfù	beau-père *m* (*du mari*)	
=丈人	zhàngren	beau-père *m* (*du mari*)	
岳母	yuèmǔ	belle-mère *f* (*du mari*)	

=丈母娘	zhàngmǔ niáng	belle-mère f (du mari)
女婿	nǔxu	gendre m
外公	wàigōng	grand-père m (maternel)
=外祖父	wàizǔfù	grand-père m (maternel)
外婆	wàipó	grand-mère f (maternelle)
=外祖母	wàizǔmǔ	grand-mère f (maternelle)
舅父	jiùfù	oncle m (maternel)
舅母	jiùmǔ	tante f (femme de l'oncle maternel)
姨	yí	tante f (maternelle)
阿姨	āyí	tante f (maternelle)
外甥	wàisheng	neveu m (fils des sœurs)
表哥	biǎogē	cousin m aîné (par la mère)
表嫂	biǎosǎo	femme f du cousin (par la mère)
外孙	wàisūn	petit-enfant m (enfant d'une fille)

17.

17.

同志	tóngzhì	camarade m
先生	xiānsheng	monsieur m, professeur m
夫人	fūren	madame f, dame f
小姐	xiǎojie	mademoiselle f, demoiselle f
太太	tàitai	madame f, dame f
老太太	lǎotàitai	madame f, vieille dame f
老大爷	lǎodàye	monsieur m, vieux monsieur m
朋友	péngyou	ami m

小朋友	xiǎopéngyou	petit ami m (appell. d'un enfant)
老乡	laoxiāng	pays m, payse f (appell. d'une pers. inconnue
师傅	shīfu	maître m (appell. d'un vieil ouvrier)
徒弟	túdi	apprenti m, disciple m
同事	tóngshì	collègue m, confrère m
教师	jiàoshī	enseignant m, professeur m
老师	lǎoshī	maître m
学生	xuésheng	élève m
学员	xuéyuán	adulte m en stage m de formation f
同学	tóngxué	condisciple m, camarade m de classe f
校长	xiàozhǎng	directeur m d'école f, proviseur m, recdoyen m, directeur m d'institut m [teur m
院长	yuànzhǎng	
教授	jiàoshòu	professeur m de faculté f
专家	zhuānjiā	spécialiste m
主席	zhǔxí	président m (d'assemblée, de parti)
主任	zhǔrèn	directeur m
部长	bùzhǎng	ministre m
局长	júzhǎng	chef m de service m
科长	kēzhǎng	chef m de bureau m
省长	shěngzhǎng	gouverneur m de province f
县长	xiànzhǎng	sous-préfet m
委员	wěiyuán	membre m d'un comité m
经理	jīnglǐ	directeur m, administrateur m

厂长	chǎngzhǎng	directeur *m* d'usine *f*
队长	duìzhang	chef *m* d'équipe *f*
组长	zǔzhǎng	chef *m* de groupe *m*
秘书	mìshū	secrétaire *m*
书记	shūjì	secrétaire *m* *(du parti, etc.)*
会计	kuàijì	comptable *m*
干部	gànbù	« cadre » *m*, employé *m* de l'État *m* [fonctionnaire *m*
上级	shàngjí	supérieur *m*
下级	xiàjí	inférieur *m*
英雄	yīngxióng	héros *m*
模范	mófàn	modèle *m*
称呼	chēnghu	appellation *f*
姓名	xìngming	nom *m* de famille *f* et prénom *m*
姓	xìng	nom *m* de famille *f*
名字	míngzi	nom *m* officiel, prénom *m*
外号	wàihào	surnom *m*
年龄	niánlíng	âge *m*
＝年紀	niánji	âge *m*
＝岁数	suìshù	âge *m*
出身	chūshēn	origine *f* sociale
成分	chéngfen	couche *f* sociale

18.   18.

职业	zhíyè	métier *m*, profession *f*

职员	zhíyuán	employé *m*
工人	gōngrén	ouvrier *m*
女工	nǚgōng	ouvrière *f*
农民	nóngmín	paysan *m*
社员	shèyuán	membre *m* d'une commune *f*
工农	gōng-nóng	ouvriers *m* et paysans *m* populaire
商人	shāngrén	commerçant *m*
店员	diànyuán	vendeur *m*
售票员	shòupiàoyuán	receveur *m* d'autobus *m*, poinçonneur
服务员	fúwǔyuán	garçon *m* (*d'hôtel, de restaurant*) *m*
医生	yīsheng	médecin *m*
护士	hùshì	infirmier *m*, infirmière *f*
邮递员	yóudìyuán	facteur *m*
通讯员	tōngxùnyuán	courrier *m*, agent *m* de liaison *f*
勤务员	qínwùyuán	homme *m* de peine *f*, homme *m* de [corvée *f*
炊事员	chuīshìyuán	cuisinier *m*
理发员	lǐfàyuán	coiffeur *m*
縫級工	féngrèngōng	tailleur *m*
司机	sījī	chauffeur *m*
駕駛員	jiàshǐyuán	pilote *m*, chauffeur *m*
保姆	bǎomǔ	bonne *f* d'enfant *m*
工程师	gōngchéngshī	ingénieur *m*
技师	jìshī	technicien *m* supérieur
技术员	jìshùyuán	technicien *m*

技工	jìgōng	ouvrier *m* qualifié	
木工	mùgōng	menuisier *m*	
=木匠	mùjiang	menuisier *m*	
瓦匠	wǎjiang	maçon *m*	
=泥水匠	níshuǐjiàng	maçon *m*	
铁匠	tiějiang	forgeron *m*	

作家	zuòjiā	écrivain *m*
記者	jìzhě	journaliste *m*
編輯	biānji	rédacteur *m*
翻譯	fānyì	traducteur *m*
艺术家	yìshùjiā	artiste *m*
画家	huàjiā	peintre *m*
演員	yǎnyuán	acteur *m*

19.   **19.**

工业	gōngyè	industrie *f*
手工业	shǒugōngyè	artisanat *m*
农业	nóngyè	agriculture *f*
商业	shāngyè	commerce *m*
运輸业	yùnshūyè	transports *m*

企业	qǐyè	entreprise *f*
公司	gōngsī	société *f*, compagnie *f*
工厂	gōngchǎng	usine *f*

工地	gōngdì	chantier *m*
車間	chējiān	atelier *m*

公社	gōngshè	commune *f* (populaire)
农业社	nóngyèshè	coopérative *f* agricole
合作社	hézuòshè	coopérative *f*
农場	nóngchǎng	ferme *f*
生产队	shēngchǎnduì	brigade *f* de production *f*
市場	shìchǎng	marché *m*
百货公司	bǎihuògōngsī	grand magasin *m*
商店	shāngdiàn	magasin *m*
鋪子	pùz	boutique *f*, magasin *m*
买卖	mǎimai	petit commerce *m*, commerce *m*
銀行	yínháng	banque *f*
书店	shūdiàn	librairie *f*

20.   **20.**

社会	shèhuì	société *f*
人民	rénmín	peuple *m*
群众	qúnzhòng	masses *f*
国民	guómín	peuple *m*
公民	gōngmín	citoyen *m*
領袖	lǐngxiù	dirigeant *m*

阶級	jiējí	classe *f* sociale

36

无产阶级	wúchǎnjiējí	prolétariat *m*
资产阶级	zīchǎnjiējí	bourgeoisie *f*
知識分子	zhīshifènzǐ	intellectuel *m*
地主	dìzhǔ	propriétaire *m* foncier
富农	fùnóng	paysan *m* riche
团体	tuántǐ	groupement *m*, association *f*
政党	zhèngdǎng	parti *m* politique
党派	dǎngpài	parti *m*
共产党	gòngchǎndǎng	parti *m* communiste
=党	Dǎng	parti *m* communiste
党员	dǎngyuán	adhérent *m*, membre *m* d'un parti *m*
共青团	gòngqīngtuán	ligue *f* de la jeunesse *f* communiste
=共产主义 青年团 gòngchǎnzhǔyì qīngniántuán		ligue *f* de la jeunesse *f* communiste
=团	Tuán	ligue *f* de la jeunesse *f* communiste
团员	tuányuán	membre *m* de la ligue *f* de la jeunesse *f*
少先队	shàoxiānduì	association *f* des pionniers *m*
=少年 先锋队 shàonián xiānfēngduì		association *f* des pionniers *m*
队员	duìyuán	pionnier *m*
工会	gōnghuì	syndicat *m*
会员	huìyuán	syndicaliste *m*

家庭	jiātíng	famille *f*
=家	jiā	famille *f*
个人	gèrén	individu *m*
全体	quántǐ	collectivité *f*
私人	sīrén	particulier *m*
宗教	zōngjiào	religion *f*
教会	jiàohuì	société *f* des fidèles *m*, église *f*
神	shén	divinité *f*, dieu *m*
佛	fó	Bouddha *m*
庙	miào	temple *m*
塔	tǎ	pagode *f*, tour *f*

21.

21.

政治	zhèngzhì	la politique *f* (*en général*)
政策	zhèngcè	une politique *f*, principe *m* politique
革命	gémìng	révolution *f*
解放	jiěfàng	libération *f*
和平	hépíng	paix *f*
战争	zhànzhēng	guerre *f*
局势	júshì	situation *f*
前途	qiántú	avenir *m*
运动	yùndong	mouvement *m*
游行	yóuxíng	défilé *m*, manifestation *f*

罷工	bàgōng	grève *f*
紅旗	hóngqí	drapeau *m* rouge
标語	biāoyǔ	devise *f*, mot *m* d'ordre *(écrit)*
口号	kǒuhào	mot *m* d'ordre *m* *(oral)*, slogan *m*
政府	zhèngfǔ	gouvernement *m*
中央	zhōngyāng	centre *m*, milieu *m*, central *adj.*
地方	dìfang	lieu *m*, endroit *m*, local *adj.*
机关	jīguān	organisme *m*, organe *m*
部門	bùmén	branche *f*, service *m*
单位	dānwèi	unité *f*
会議	huìyì	assemblée *f*, conférence *f*
大会	dàhuì	assemblée *f*, congrès *m*
委員会	wěiyuánhuì	comité *m*
民主	mínzhǔ	démocratie *f*
自由	zìyóu	liberté *f*
平等	píngděng	égalité *f*
法律	fǎlǜ	droit *m*, loi *f*
紀律	jìlǜ	discipline *f*
权力	quánli	pouvoir *m*
任务	rènwu	mission *f*, tâche *f*
义务	yìwu	devoir *m*, obligation *f*
責任	zéren	obligation *f*. responsabilité *f*
名义	míngyì	nom *m*, titre *m*
名誉	míngyù	réputation *f*, gloire *f*

地位	dìwei	position *f*, situation *f* sociale
罪	zuì	crime *m*, délit *m*
秩序	zhìxù	ordre *m* (public)
利益	lìyì	intérêt *m*, profit *m*
立場	lìchǎng	position *f* (politique)
态度	tàidu	attitude *f*
路线	lùxiàn	ligne *f* politique
主张	zhǔzhāng	opinion *f*, préconisation *f*
布告	bùgào	avis *m*, proclamation *f*
教条	jiàotiáo	dogme *m*
规矩	guīju	règle *f*
命令	mìnglìng	ordre *m*, commandement *m*
主义	zhǔyì	principe *m*, doctrine *f*
馬克思列宁主义 （Marks-Lieninzhǔyì) Makesi-Lieningzhǔyi		marxisme-léninisme *m*
馬克思主义 Makesizhǔyì （Markszhǔyì)		marxisme *m*
唯物主义	wéiwùzhǔyì	matérialisme *m*
唯心主义	wéixīnzhǔyì	idéalisme *m*
辯证法	biànzhèngfǎ	dialectique *f*
爱国主义	àiguózhǔyì	patriotisme *m*
国际主义	guójìzhùyì	internationalisme *m*
集体主义	jítǐzhǔyì	collectivisme *m*

38

个人主义	gèrénzhǔyì	individualisme *m*
教条主义	jiàotiáozhǔyì	dogmatisme *m*
主观主义	zhǔguānzhǔyì	subjectivisme *m*
官僚主义	guānliáozhǔyì	bureaucratisme *m*
共产主义	gòngchǎnzhǔ-yì	communisme *m*
社会主义	shèhuìzhǔyì	socialisme *m*
资本主义	zīběnzhǔyì	capitalisme *m*
帝国主义	dìguózhǔyì	impérialisme *m*
封建主义	fēugjiànzhǔyì	féodalisme *m*
经济	jīngjì	économie *f*
生产	shēngchǎn	production *f*
技术	jìshù	technique *f*
产量	chǎnliàng	volume *m* de la production *f*
货物	huòwù	marchandise *f*, denrée *f*
=货	huò	marchandise *f*, denrée *f*
价钱	jiàqian	prix *m*
人民币	rénmínbì	monnaie *f* nationale populaire
钱	qián	monnaie *f*, argent *m*
账	zhàng	compte *m*, note *f*
广告	guǎnggào	réclame *f*, affiche *f*
劳动	láodòng	travail *m* (physique)
工作	gòngzuo	travail *m*

收入	shōurù	revenu *m*, recette *f*
待遇	dàiyù	traitement *m*
工资	gōngzī	salaire *m*
报酬	bàochóu	rémunération *f*
生活	shēnghuó	vie *f*, existence *f*
计划	jìhuà	plan *m*
业务	yèwù	profession *f*, spécialité *f*
事业	shìyè	entreprise *f*, cause *f*
公事	gōngshì	affaires *f* publiques
事情	shìqing	affaire *f*, chose *f*
=事儿	shìr	affaire *f*, chose *f*
=事	shì	affaire *f*, chose *f*
成绩	chéngji	résultat *m*
功劳	gōngláo	mérite *m*, exploit *m*
办法	bànfa	moyen *m*, méthode *f*
步骤	bùzhòu	méthode *f* procédé *m*
错误	cuòwu	erreur *f*, faute *f*
优点	yōudiǎn	qualité *f*
缺点	quēdiǎn	défaut *m*, faiblesse *f*
收获	shōuhuò	récolte *f*
经验	jīngyan	expérience *f*
教训	jiàoxùn	enseignement *m*, leçon *f*
成功	chénggōng	succès *m*
胜利	shènglì	victoire *f*

39

失败	shībài	échec *m*
事故	shìgù	accident *m*
损失	sǔnshī	perte *f*, dommage *m*
灾荒	zāihuāng	calamité *f* (sécheresse, inondation, etc.)
福利	fúlì	bien-être *m*, bonheur *m*

22.

军事	jūnshì	affaires *f* militaires
战斗	zhàndòu	combat *m*
军队	jūnduì	armée *f*, troupes *f*
部队	bùduì	armée *f*, troupes *f*
解放军	jiěfàngjūn	armée *f* de libération *f*
= 人民解放军		armée *f* populaire de libération *f*
rénmín-jiěfàngjūn		
志愿军	zhìyuànjūn	armée *f* de volontaires *m* (*Corée*)
陆军	lùjūn	armée *f* de terre *f*
海军	hǎijūn	armée *f* de mer *f*
空军	kōngjūn	armée *f* de l'air *m*
民兵	mínbīng	milice *f* populaire, milicien *m*
军	jūn	armée *f*
师	shī	division *f*
旅	lǚ	brigade *f*
团	tuán	régiment *m*
营	yíng	bataillon *m*
连	lián	compagnie *f*

22.

排	pái	section *f*
班	bān	escouade *f*
战士	zhànshì	combattant *m*
士兵	shìbīng	soldat *m*
兵	bīng	soldat *m*
军官	jūnguān	officier *m*
元帅	yuánshuài	maréchal *m*
将军	jiāngjūn	général *m*
司令员	sīlìngyuán	commandant *m* (*d'une unité militaire*)
政委	zhèngwěi	commissaire *m* politique
军长	jūnzhǎng	général *m* d'armée *f*
师长	shīzhǎng	général *m* de division *f*
旅长	lǚzhǎng	général *m* de brigade *f* [nel *m*
团长	tuánzhǎng	commandant *m* d'un régiment *m*, colo-
营长	yíngzhǎng	chef *m* de bataillon *m*, commandant *m*
连长	liánzhǎng	capitaine *m*
排长	páizhǎng	sergent *m*, chef *m* de section *f*
班长	bānzhǎng	caporal *m*, chef *m* d'escouade *f*
武器	wǔqì	arme *f*
弓	gōng	arc *m*
箭	jiàn	flèche *f*
刀	dāo	couteau *m*, sabre *m*
剑	jiàn	épée *f*

刺刀	cìdāo	baïonnette *f*
枪	qiāng	arme *f* à feu *m*, fusil *m*
步枪	bùqiāng	fusil *m*
手枪	shǒuqiāng	revolver *m*
机关枪	jīguānqiāng	mitrailleuse *f*
子弹	zǐdàn	balle *f*
炮	pào	pièce *f* d'artillerie *f*, canon *m*
大炮	dàpào	canon *m*
高射炮	gāoshèpào	canon *m* anti-aérien
火箭	huǒjiàn	fusée *f*
火箭炮	huǒjiànpào	lance-fusée *m*, bazooka *m*
炮弹	pàodàn	obus *m*
炸弹	zhàdàn	bombe *f*
手榴弹	shǒuliúdàn	grenade *f*
坦克	tanke	tank *m*
铁甲车	tiějiǎchē	blindé *m*
軍舰	jūnjiàn	bateau *m* de guerre *f*
地雷	dìléi	mine *f*
原子弹	yuánzǐdàn	bombe *f* atomique
氢弹	qīngdàn	bombe *f* à hydrogène *m*
公安	gōng'ān	sécurité *f* publique, police *f*
法院	fǎyuàn	tribunal *m*, cour *f*
公安局	gōng'ānjú	sûreté *f* nationale
派出所	pàichūsuǒ	commissariat *m* de police *f*

警察	jǐngchá	agent *m* de police *f*
治安員	zhì'ānyuán	agent *m* de la Sûreté *f*
敌人	dírén	ennemi *m*
特务	tèwu	agent *m* secret
贼	zéi	voleur *m*
小偷儿	xiǎotōur	voleur *m*, chapardeur *m*

23.

23.

国家	guójiā	pays *m*, État *m*
祖国	zǔguó	patrie *f*
民族	mínzú	nation *f*, nationalité *f*
国际	guójì	international *adj.*
世界	shìjiè	monde *m*
外国	wàiguó	pays *m* étranger
省	shěng	province *f*
自治区	zìzhìqu	région *f* autonome
市	shì	municipalité *f*, ville *f*
县	xiàn	sous-préfecture *f*, district *m*
区	qū	arrondissement *m*
乡	xiāng	canton *m*
鎮	zhèn	bourg *m*, commune *f*
村	cūn	village *m*

=村子 cūnz	village *m*	
农村 nóngcūn	campagne *f*	
乡下 xiāngxia	campagne *f*	
城市 chéngshì	ville *f*	
都市 dūshì	ville *f*, cité *f*	
首都 shǒudū	capitale *f*	
省会 shěnghuì	chef-lieu *m* de province *f*	
街 jiē	rue *f*	
大街 dàjiē	rue *f*, grande rue *f*, avenue *f*	
胡同 hútong	ruelle *f*	
巷 xiàng	ruelle *f*, allée *f*	
户口 hùkǒu	population *f*	
户 hù	foyer *m*, famille *f*	
门牌 ménpái	numéro *m* de maison *f*	
家乡 jiāxiāng	pays *m* natal	
邻居 línjū	voisin *m*, voisinage *m*	
隔壁 gébì	proche voisin *m*	

24.

交通 jiāotōng	communications *f*
旅行 lǚxíng	voyage *m*
道路 dàolù	route *f*, chemin *m*

路 lù	chemin *m*
大道 dàdào	route *f*
小道儿 xiǎodàor	petit chemin *m*, sentier *m*
便道 biàndào	trottoir *m*
铁路 tiělù	chemin *m* de fer *m*
公路 gōnglù	route *f*
马路 mǎlù	route *f*
桥 qiáo	pont *m*
车站 chēzhàn	gare *f*, station *f*
火车站 huǒchēzhàn	gare *f*, station *f* de chemin *m* de fer
汽车站 qìchēzhàn	gare *f* routière
电车站 diànchēzhàn	station *f* de tramways *m*, de trolleys *m*
码头 mǎtou	quai *m*, embarcadère *m*
飞机场 fēijīchǎng	aérodrome *m*
车 chē	véhicule *m* à roue *f*, voiture *f*
火车 huǒchē	train *m*
汽车 qìchē	automobile *f*, auto *f*
公共汽车 gōnggòngqì- chē	autobus *m*
电车 diànchē	tramway *m*
无轨电车 wúguǐdiàn- chē	trolleybus *m*, trolley *m*
马车 mǎchē	voiture *f* à cheval *m*
大车 dàchē	chariot *m*

三輪車	sānlúnchē	tricycle *m*, vélo-pousse *m*
自行車	zìxíngchē	bicyclette *f*
板車	bǎnchē	charrette *f*
船	chuán	bateau *m*
帆船	fānchuán	bateau *m* à voile *f*
輪船	lúnchuán	bateau *m* à vapeur *f*
划子	huáz	canot *m*, barque *f*
飞机	fēijī	avion *m*
票	piào	billet *m*, ticket *m*
車票	chēpiào	billet *m* de chemin *m* de fer *m*
路費	lùfèi	frais *m* de voyage *m*
行李	xíngli	bagages *m*
邮局	yóujú	bureau *m* de poste *f*
邮电局	yóudiànjú	bureau *m* des P. et T.
电話局	diànhuàjú	bureau *m* de téléphone *m*
广播台	guǎngbōtái	station *f* de radiodiffusion *f*, émetteur *m* [de radio *f*
信	xìn	lettre *f*
信封儿	xìnfēngr	enveloppe *f*
信纸	xìnzhǐ	papier *m* à lettres *f*
明信片	míngxìnpiàn	carte *f* postale
邮票	yóupiào	timbre-poste *m*
信箱	xìnxiāng	boîte *f* postale

信筒	xìntǒng	boîte *f* aux lettres *f*
电报	diànbào	télégramme *m*
电話	diànhuà	téléphone *m*
无綫电	wúxiàndiàn	T.S.F. *f*, radio *f*
广播	guǎngbō	radiodiffusion *f*
收音机	shōuyīnjī	poste *m* récepteur de radio *f*

25.

交际	jiāojì	relations *f* sociales
来往	láiwǎng	fréquentation *f*
来回	láihuí	relations *f*, aller *m* et retour *m*
联系	liánxi	rapport *m*, relation *f*
活动	huódòng	activité *f*
約会	yuēhuì	rendez-vous *m*
訪問	fǎngwèn	visite *f*
招呼	zhāohu	salutation *f*
玩笑	wánxiào	plaisanterie *f*
友誼	yǒuyì	amitié *f*
信任	xìnrèn	confiance *f*
关系	guānxi	relation *f*, rapport *m*
交情	jiāoqing	amitié *f*
传統	chuántǒng	tradition *f*
风俗	fēngsú	coutume *f*

43

习惯	xíguàn	habitude *f*
礼貌	lǐmao	politesse *f*
礼物	lǐwù	cadeau *m*
話	huà	parole *f*, langue *f*
語言	yǔyán	langue *f*
談話	tánhuà	conversation *f*
普通話	pǔtōnghuà	langue *f* commune, langue *f*
方言	fāngyán	dialecte *m* nationale
笑話儿	xiàohuàr	plaisanterie *f*
謊話	huǎnghuà	mensonge *m*
廢話	fèihuà	sottise *f*, parole *f* inutile
語法	yǔfǎ	grammaire *f*
詞	cí	mot *m*
文字	wénzì	caractère *m*, écrit *m*
字	zì	caractère *m*
文章	wénzhāng	article *m*, essai *m*
日記	rìjì	agenda *m*
題目	tímu	sujet *m*, titre *m*
拼音字母	pīnyīnzìmǔ	alphabet *m*
字母	zìmǔ	lettre *f*
标点	biāodiǎn	signe *m* de ponctuation *f*
符号	fúhào	marque *f*, signe *m*

26.

26.

教育	jiàoyù	enseignement *m*
学校	xuéxiào	école *f*
大学	dàxué	université *f*
学院	xuéyuàn	institut *m*
中学	zhōngxué	lycée *m*, école *f* secondaire [condaire
高中	gāozhōng	deuxième cycle *m* de l'enseignement se-
初中	chūzhōng	premier cycle *m* de l'enseignement secon-
小学	xiǎoxué	école *f* primaire [daire
幼儿园	yòu'éryuán	jardin *m* d'enfants *m*
托儿所	tuo'érsuǒ	crèche *f*
功課	gōngkè	devoir *m*, leçon *f*
語文	yǔwén	langue *f*
算术	suànshù	calcul *m*, arithmétique *f*
常識	chángshí	connaissances *f* de base *f*
知識	zhīshi	savoir *m*, connaissance *f*
理論	lǐlùn	théorie *f*
学問	xuéwen	instruction *f*, savoir *m*
科学	kēxué	science *f*
哲学	zhéxué	philosophie *f*
文明	wénming	civilisation *f*
文化	wénhuà	culture *f*, civilisation *f*
天文	tiānwén	astronomie *f*

地理	dìlǐ	géographie *f*
历史	lìshǐ	histoire *f*
物理	wùlǐ	physique *f*
化学	huàxué	chimie *f*
数学	shùxué	mathématiques *f*
生物学	shēngwùxu	biologie *f*

新闻	xīnwén	presse *f*, nouvelle *f*
消息	xiāoxi	nouvelle *f*
报纸	bàozhǐ	journal *m*
=报	bào	journal *m*
报社	bàoshè	bureaux *m* d'un journal *m*
通讯	tōngxùn	message *m*
通讯社	tōngxùnshè	agence *f* de presse *f*
电台	diàntái	station *f* de radiodiffusion *f*

出版	chūbǎn	publication *f*, édition *f*
出版社	chūbǎnshè	maison *f* d'édition *f*
课本	kèběn	manuel *m*, livre *m* de classe *f*
地图	dìtú	carte *f* de géographie *f*
图书	túshū	cartes *f* et livres *m*
书	shū	livre *m*
书籍	shūji	livre *m*, ouvrage *m*
字典	zìdiǎn	dictionnaire *m* de caractères *m*
词典	cídiǎn	dictionnaire *m* de mots *m*

刊物	kānwù	périodique *m*, revue *f*
杂志	zázhì	revue *f*
记录	jìlù	notes *f*, procès-verbal *m*
表格	biǎogé	tableau *m*, liste *f*
表	biǎo	liste *f*, table *f*
原稿	yuángǎo	manuscrit *m*

27.   27.

艺术	yìshù	art *m*
文学	wénxué	littérature *f*
文艺	wényì	beaux-arts *m*
图画	túhuà	dessin *m*, tableau *m*
=画儿	huàr	dessin *m*, tableau *m*
画报	huàbào	journal *m* illustré, magazine *m*
雕刻	diāokè	sculpture *f*
塑象	sùxiàng	statue *f*
戏	xì	théâtre *m*
京剧	jīngjù	opéra *m* de Pékin
=京戏	jīngxì	opéra *m* de Pékin
话剧	huàjù	théâtre *m* parlé
诗歌	shīgē	poésie *f*, poème *m*
=诗	shī	poésie *f*, poème *m*
快板儿	kuàibǎnr	récitation *f* rythmée
歌曲	gēqǔ	chant *m*, chanson *f*
=歌儿	gēr	chant *m*, chanson *f*

跳舞 tiàowǔ	danse *f*	
＝舞蹈 wǔdǎo	danse *f*	
小説 xiǎoshuō	roman *m*	
故事 gùshi	histoire *f*, récit *m*	
照相 zhàoxiàng	photographie *f*	
照片 zhàopiān	photographie *f*	
相片 xiàngpiān	photographie *f*	
电影 diànyǐng	cinéma *m*, film *m*	
幻灯 huàndēng	lanterne *f* de projection *f*, lanterne *f* [magique	
娱乐 yúlè	divertissement *m*	
曲艺 qǔyì	variétés *f* chinoises	
相声 xiàngshēng	dialogue *m* comique	
杂技 zájì	acrobaties *f*	
音乐 yīnyuè	musique *f*	
乐器 yuèqì	instrument *m* de musique *f*	
琴 qín	luth *m*	
风琴 fēngqín	harmonium *m*	
口琴 kǒuqín	harmonica *m*	
胡琴 húqín	violon *m* chinois	
鑼 luó	gong *m*	
鼓 gǔ	tambour *m*	
钟 zhōng	cloche *f*	
鈴 líng	clochette *f*	

喇叭 lǎba	trompette *f*, klaxon *m*, haut-parleur *m*	
笛子 díz	flûte *f*, fifre *m*	
唱片 chàngpiān	disque *m*	
＝留声片 liúshēngpiān	disque *m*	
留声机 liúshēngjī	phonographe *m*	
玩具 wánjù	jouet *m*	
玩意儿 wányìr	joujou *m*, jouet *m*	
娃娃 wáwa	poupée *f*	
毽子 jiànz	volant *m*	
风筝 fēngzhēng	cerf-volant *m*	
鞭炮 biānpào	pétard *m*	
牌 pái	carte *f*	
扑克牌 pūkèpái	carte *f* à jouer	
棋 qí	échecs *m*	
象棋 xiàngqí	échecs *m*	

28.

精神 jīngshen	esprit *m*	
心理 xīnlǐ	cœur *m*, pensée *f*	
感觉 gǎnjué	sensation *f*	
感情 gǎnqíng	sentiment *m*	
情绪 qíngxù	émotion *f*, sentiment *m*	
印象 yìnxiàng	impression *f*	
爱情 àiqíng	amour *m*	

意思	yìsi	intention *f*, pensée *f*, sens *m*
思想	sīxiǎng	pensée *f*, idéologie *f*
见解	jiànjiě	opinion *f*, idée *f*
看法	kànfa	opinion *f*, point *m* de vue *f*
想法	xiǎngfa	opinion *f*, avis *m*
意见	yìjian	avis *m*, proposition *f*
主意	zhúyi	idée *f*, intention *f*
决心	juéxīn	résolution *f*
信心	xìnxīn	confiance *f*
顾虑	gùlü	inquiétude *f*, souci *m*
怀疑	huáiyí	doute *m*, soupçon *m*
眼光	yǎnguāng	jugement *m*
脑筋	nǎojīn	réflexion *f*, cerveau *m*
回忆	huíyì	souvenir *m*, mémoire *f*
感想	gǎnxiǎng	impression *f*
理想	lǐxiǎng	idéal *m*
幻想	huànxiǎng	illusion *f*
希望	xīwang	espoir *m*
念头	niàntou	idée *f*
道理	dàolǐ	raison *f*
理由	lǐyóu	cause *f*, motif *m*
主观	zhǔguān	subjectivité *f*
客观	kèguān	objectivité *f*
比方	bǐfang	exemple *m*

问题	wèntí	question *f*, problème *m*
动作	dòngzuò	action *f*, mouvement *m*
行为	xíngwei	conduite *f*, acte *m*
本领	běnlǐng	talent *m*, habileté *f*
能力	nénglì	capacité *f*, aptitude *f*
修养	xiūyǎng	bonne éducation *f*
性子	xìngz	nature *f*, caractère *m*
性情	xìngqíng	caractère *m*
脾气	píqi	humeur *f*, caractère *m*
道德	dàodé	moralité *f*, vertu *f*
品质	pǐnzhì	qualité *f*
虚心	xūxīn	modestie *f*
梦	mèng	rêve *m*

29.

目的	mùdi	but *m*
目标	mùbiāo	objectif *m*
对象	duìxiàng	objet *m*
基础	jīchǔ	base *f*, fondement *m*
根据	gēnjù	origine *f*, base *f*
证据	zhèngju	preuve *f*, témoignage *m*
条件	tiáojiàn	condition *f*
程度	chéngdu	degré *m*, niveau *m*

水平	shuǐpíng	niveau *m*
种类	zhǒnglèi	espèce *f*, sorte *f*
原则	yuánzé	principe *m*
方法	fāngfa	moyen *m*, méthode *f*, procédé *m*
=法子	fǎz	moyen *m*, méthode *f*, procédé *m*
方式	fāngshi	façon *f*, manière *f*
例子	lìz	exemple *m*
事实	shìshí	fait *m*
表面	biǎomiàn	apparence *f*
原因	yuányīn	cause *f*, raison *f*
緣故	yuángu	cause *f*
結果	jiéguǒ	conséquence *f*, résultat *m*
情况	qíngkuàng	situation *f*
情形	qíngxing	circonstances *f*, situation *f*
现象	xiànxiàng	phénomène *m*
秘密	mìmi	secret *m*
矛盾	máodùn	contradiction *m*
特点	tèdiǎn	particularité *f*
作用	zuòyòng	rôle *m*, action *f*
机会	jīhuì	occasion *f*
投机	tóujī	spéculation *f*
运气	yùnqi	chance *f*
用处	yòngchu	utilité *f*

好处	hǎochu	avantage *m*
方便	fāngbian	commodité *f*
榜样	bǎngyàng	modèle *m*, exemple *m*
典型	diǎnxíng	type *m*

30. 30.

方向	fāngxiang	direction *f*
东	dōng	est *m*
东方	dōngfang	est *m*, orient *m*
=东边	dōngbian	est *m*, orient *m*
西	xī	ouest *m*
西方	xīfang	ouest *m*, occident *m*
=西边	xībian	ouest *m*, occident *m*
南	nán	sud *m*
南方	nánfang	sud *m*, midi *m*
=南边	nánbian	sud *m*
北	běi	nord *m*
北方	běifang	nord *m*
=北边	běibian	nord *m*
东南	dōngnán	sud-est *m*
西北	xīběi	nord-ouest *m*
东北	dōngběi	nord-est *m*

西南　xīnán	sud-ouest *m*	
中　zhōng	milieu *m*	
中間　zhōngjiān	milieu *m*, centre *m*, entre *prép.*	
中心　zhōngxīn	centre *m*, cœur *m*	
当中　dāngzhōng	milieu *m*, au milieu de *prép.*	
上　shàng	dessus *m*, sur *prép.*	
上头　shàngtou	dessus *m*	
＝上边　shàngbian	dessus *m*	
＝上面　shàngmian	dessus *m*	
下　xià	dessous *m*, sous *prép.*	
下头　xiàtou	dessous *m*, sous *prép.*	
＝下边　xiàbian	dessous *m*, sous *prép.*	
＝下面　xiàmian	dessous *m*, sous *prép.*	
底　dǐ	fond *m*	
底下　dǐxia	dessous *m*, au-dessous de *prép.*	
左　zuǒ	gauche *f*	
左边　zuǒbian	gauche *f*	
右　yòu	droite *f*	
右边　yòubian	droite *f*	
內　nèi	intérieur *m* dans *prép.*	
里　lǐ	intérieur *m* dans *prép.*	
里头　lǐtou	intérieur *m* dans *prép.*	
＝里边　lǐbian	intérieur *m* dans *prép.*	
＝里面　lǐmian	intérieur *m* dans *prép.*	
外　wài	extérieur *m* hors de *prép.*	

外头　wàitou	extérieur *m* hors de *prép.*	
＝外边　wàibian	extérieur *m* hors de *prép.*	
＝外面　wàimian	extérieur *m* hors de *prép.*	
前　qián	devant *m*, devant *prép.*	
前头　qiántou	devant *m*	
＝前边　qiánbian	devant *m*	
＝前面　qiánmian	devant *m*	
跟前　gēnqian	devant *m*, en présence de *prép.*	
后　hòu	arrière *m*, derrière *prép.*	
后头　hòutou	arrière *m*, derrière *prép.*	
＝后边　hòubian	arrière *m*, derrière *prép.*	
＝后面　hòumian	arrière *m*, derrière *prép.*	
背后　bèihou	arrière *m*	
旁　páng	côté *m*	
旁边　pángbiān	côté *m*	
四周　sìzhōu	quatre côtés *m*, autour de *prép.*	
附近　fùjìn	voisinage *m*, alentours *m*	
一带　yídài	zone *f*, région *f*	
对面　duìmiàn	en face *adv.*, face à *prép.*	
以上　yǐshàng	au-dessus de *prép.*, plus de *adv.*	
以下　yǐxià	au-dessous de *prép.*, moins de *adv.*	
以前　yǐqián	avant *adv.*, auparavant *adv.*	
以后　yǐhòu	après *adv.*, désormais *adv.*	
以內　yǐnèi	à l'intérieur de *prép.*, dans *prép.*	

以外 yǐwài.	à l'extérieur de *prép.*, sauf *prép.*	
当儿 dāngr	au moment où *conj.*	

間 jiān	milieu *m*, entre *prép.*	
方面 fāngmiàn	part *f*, côté *m*, aspect *m* d'une question *f*	

二、动 词

1.

看 kàn	regarder
＝瞧 qiáo	regarder
見 jiàn	voir
看見 kànjian	voir
望 wàng	regarder (au loin)
眨眼 zhǎyǎn	cligner de l'œil
参观 cānguān	visiter
听 tīng	écouter
听見 tīngjian	entendre
听說 tīngshuō	entendre dire
聞 wén	sentir *(odorat)*
呼吸 hūxī	respirer

1.

吃 chī	manger
吃飯 chīfàn	manger
喝 hē	boire
吞 tūn	gober, avaler
咽 yàn	avaler
嚼 jiáo	mâcher
咬 yǎo	mordre
啃 kěn	ronger
吐 tǔ	cracher
嘔吐 ǒutù	vomir
噴 pēn	cracher avec force
吸 xī	aspirer
抽 chōu	aspirer
吹 chuī	souffler

50

舔	tiǎn	lécher
尝	cháng	goûter
亲	qīn	donner un baiser, embrasser
接吻	jiēwěn	donner un baiser, embrasser
仰	yǎng	lever (la tête)
点头	diǎntóu	hocher la tête *(en signe d'accord)*
回头	huítóu	tourner la tête
磕头	kētóu	se prosterner *(en touchant le sol du front)*

2.

拿	ná	prendre, tenir
取	qǔ	prendre, retirer
抓	zhuā	saisir, agripper
捏	niē	pincer, saisir entre deux doigts
握	wò	saisir, tenir
摸	mō	toucher, caresser
捞	lāo	retirer *(d'un liquide)*, repêcher
找	zhǎo	chercher
寻	xún	chercher
摘	zhāi	cueillir, ôter
抹	mǒ	frotter, essuyer
揉	róu	frotter, masser
搓	cuō	rouler entre les mains

拍	pāi	frapper *(avec la paume de la main)*
掰	bāi	ouvrir, casser *(à la main)*
卷	juǎn	rouler, enrouler
揭	jiē	soulever, retirer
解	jiě	dénouer, enlever
=解开	jiěkai	dénouer, enlever
安	ān	poser, installer
放	fàng	poser, mettre
搁	gē	poser, mettre
提	tí	soulever *(d'une main)*
举	jǔ	lever, brandir
推	tuī	pousser
拉	lā	tirer
扯	chě	tirer, déchirer
拖	tuō	tirer, traîner
牵	qiān	tirer, mener *(un animal)*
运	yùn	transporter
托	tuō	soutenir, porter *(sur la paume de la main)*
抬	tái	lever, porter à plusieurs
搬	bān	transporter, déplacer
拔	bá	arracher
搭	dā	dresser, porter à plusieurs
捧	pěng	porter à deux mains
担	dān	porter à la palanche

扛	káng	porter sur l'épaule	
鋪	pū	étaler, déployer	
擺	bǎi	disposer, secouer	
扶	fú	soutenir, s'appuyer	
夾	jiā	pincer, saisir	
抱	bào	porter dans les bras	
摟	lǒu	prendre dans les bras, étreindre	
擁抱	yōngbào	embrasser, serrer dans ses bras	
拐	guǎi	tourner	
打	dǎ	battre, frapper	
敲	qiāo	frapper	
撞	zhuàng	heurter, cogner	
砍	kǎn	fendre	
搖	yáo	secouer, balancer, se balancer	
=搖晃	yáohuang	secouer, balancer, se balancer	
动手	dòngshǒu	se mettre à l'œuvre	
插	chā	insérer, ficher	
砸	zá	casser, broyer	
折断	zhéduàn	briser, casser en deux	
扔	rēng	lancer, jeter	
摔	shuāi	jeter avec force, tomber	
投	tóu	jeter, lancer	

丟	diū	perdre, laisser	
丟掉	diūdiào	abandonner, perdre	
掉	diào	perdre, tomber	
撒	sǎ	répandre, disperser	
撒开	sākai	disperser	
捉	zhuō	saisir, attraper	
朵	cǎi	cueillir, trier	
捆	kǔn	ficeler, attacher	
綁	bǎng	lier, ficeler	
編	biān	tresser, composer	
开	kāi	ouvrir	
打开	dǎkai	ouvrir	
张开	zhāngkai	éclore, ouvrir	
关	guān	fermer	
閉	bì	fermer	
分	fēn	diviser, partager	
分开	fēnkai	diviser, séparer	
放松	fàngsōng	lâcher, laisser aller	
合	hé	joindre, fermer	
包	bāo	envelopper	
量	liáng	mesurer	
称	chēng	peser	
盛	chéng	emplir, contenir	

52

装 zhuāng	charger, emplir	

掏出 tāochū	sortir (d'une poche)
挖 wā	creuser, curer
掘 jué	creuser
埋 mái	enterrer, enfouir
埋葬 máizàng	enterrer, ensevelir
堵 dǔ	boucher, barrer
填 tián	combler, boucher

按 àn	appuyer, presser
贴 tiē	coller, appliquer
压 yā	presser, écraser
挂 guà	accrocher, suspendre
挑 tiāo	porter à la palanche, choisir
拾 shí	ramasser

指 zhǐ	indiquer, montrer du doigt
招 zhāo	appeler du geste, recruter
传 chuán	transmettre
交 jiāo	donner, remettre
接 jiē	recevoir
接到 jiēdao	recevoir
握手 wòshǒu	serrer la main
放手 fàngshǒu	lâcher, laisser tomber

鼓掌 gǔzhǎng	applaudir

3.

走 zǒu	marcher, partir
逛 guàng	se promener, flâner
跑 pǎo	courir, s'enfuir
跳 tiào	sauter
=蹦 bèng	sauter
奔 bèn	courir
踩 cǎi	piétiner, marcher sur
踏 tà	piétiner, pédaler
踢 tī	donner un coup de pied
跺脚 duòjiǎo	frapper le sol du pied

站 zhàn	se dresser, se tenir debout
=立 lì	se dresser, se tenir debout
停 tíng	arrêter, s'arrêter
离开 líkai	quitter
来 lái	venir
来到 láidào	arriver
到 dào	atteindre, arriver
到达 dàodá	arriver
过 guò	passer
跟 gēn	suivre
跟随 gēnsuí	suivre

追 zhuī	poursuivre, rattraper
赶 gǎn	poursuivre, atteindre en temps voulu
逃 táo	s'enfuir
避 bì	éviter, esquiver
回 huí	rentrer, retourner
回家 huíjiā	rentrer chez soi

登 dēng	monter, gravir
攀 pān	grimper, escalader
上 shàng	monter
下 xià	descendre
转弯 zhuǎnwān	tourner
出 chū	sortir
进 jìn	entrer
闯 chuǎng	se précipiter, faire irruption
冲 chōng	se précipiter
前进 qiánjìn	avancer
倒退 dàotuì	reculer

4.

起 qǐ	se lever
起身 qǐshēn	se lever
坐 zuò	s'asseoir
躺 táng	s'allonger, s'étendre
倒 dǎo	tomber, renverser

伸 shēn	étendre, tendre
缩 suō	contracter, réduire, retirer
蹲 dūn	s'accroupir
跪 guì	s'agenouiller
趴 pā	se mettre à plat ventre

动 dòng	remuer, bouger
动弹 dòngtan	remuer, bouger
翻 fān	tourner, retourner
翻身 fānshēn	se retourner, s'affranchir
跌 diē	tomber
爬 pá	ramper, grimper
钻 zuān	percer, pénétrer

靠 kào	s'appuyer
依靠 yīkào	s'appuyer, compter sur
挤 jǐ	pousser, se bousculer
藏 cáng	cacher, se cacher
躲藏 duǒcáng	cacher, se cacher
背 bēi	porter sur le dos
带 dài	porter, conduire
扑 pū	se jeter; se précipiter

发抖 fādǒu	trembler
休息 xiūxi	se reposer

歇	xiē	se reposer
瞌睡	kēshuì	avoir sommeil, faire un somme
睡	shuì	dormir
睡觉	shuìjiào	dormir
打呵欠	dǎhāqian	bailler
醒	xǐng	s'éveiller

5.

穿	chuān	enfiler, porter *(un vêtement)*
=穿上	chuānshang	enfiler, porter *(un vêtement)*
脱	tuō	enlever, défaire
=脱掉	tuōdiào	enlever, défaire
戴	dài	porter *(sur la tête)*
=戴上	dàishang	porter *(sur la tête)*
披	pī	porter sur les épaules
织	zhī	tisser
纺织	fǎngzhī	filer et tisser
染	rǎn	teindre
缝	féng	coudre
补	bǔ	rapiécer, raccommoder
剪	jiǎn	couper *(avec des ciseaux)*
裁	cái	couper, tailler
洗	xǐ	laver
刷	shuā	brosser
烫	tàng	repasser

5.

叠	dié	plier
洗澡	xǐzǎo	prendre un bain
洗脸	xǐliǎn	se débarbouiller
刷牙	shuāyá	se laver les dents
漱口	shùkǒu	se rincer la bouche
理发	lǐfà	coiffer, couper les cheveux
梳	shū	peigner, se peigner
剃	tì	raser, se raser
刮	guā	raser, gratter
擦	cā	frotter, nettoyer
化装	huàzhuāng	se maquiller, se déguiser
打扮	dǎbàn	se maquiller, se parer
烧	shāo	chauffer, cuire, brûler
炒	chǎo	faire sauter
烤	kǎo	rôtir, griller
蒸	zhēng	cuire à la vapeur
煮	zhǔ	faire bouillir, cuire
熬	áo	mijoter
泡	pào	faire tremper, infuser
炸	zhá	frire, faire frire
腌	yān	saler
杀	shā	tuer

割 gē	couper *(le blé; etc.)*
切 qiē	couper *(de haut en bas)*
剔 tī	désosser, curer
餵 wèi	nourrir
住 zhù	habiter
留 liú	rester, garder
盖 gài	couvrir, bâtir
收拾 shōushi	ranger, réparer
漏 lòu	fuir, couler
搬家 bānjiā	déménager
鎖 suǒ	fermer à clé, verrouiller
洒水 sǎshuǐ	arroser
扫 sǎo	balayer
扫地 sǎodì	balayer
咳嗽 késou	tousser
生病 shēngbìng	tomber malade
传染 chuánrǎn	contaminer
治疗 zhìliáo	soigner
看病 kànbìng	consulter un médecin, examiner
打针 dǎzhēn	faire une piqûre
种痘 zhòngdòu	vacciner
伤 shāng	blesser
休养 xiūyǎng	être en convalescence
生 shēng	naître

长 zhǎng	pousser, grandir
生长 shēngzhǎng	croître, grandir
活 huó	vivre
生活 shēnghuó	vivre
度过 dùguo	passer *(la vie, les vacances,...)*
死 sǐ	mourir
＝死亡 sǐwáng	mourir

6.

說 shuō	dire
說話 shuōhuà	parler
談 tán	parler, causer
談話 tánhuà	parler, causer
讲 jiǎng	parler
讲話 jiǎnghuà	parler, faire un discours
念 niàn	lire *(à haute voix)*
告訴 gàosu	dire, avertir
打听 dǎting	s'informer
交代 jiāodai	rendre compte
唱 chàng	chanter
唱歌 chànggē	chanter
叫 jiào	appeler, s'appeler
喊 hǎn	crier, appeler
吵 chǎo	faire du tapage

56

=嚷 rǎng	faire du tapage
哭 kū	pleurer
笑 xiào	rire
閙 nào	faire du bruit, se produire (événement
罵 mà	injurier, jurer	[fâcheux)
劝 quàn	exhorter
劝解 quànjiě	exhorter à la concorde
来往 láiwǎng	fréquenter
招呼 zhāohu	saluer, accueillir
理 lǐ	s'occuper de (quelqu'un)
問 wèn	demander, interroger
答应 dāying	acquiescer
回答 huídá	répondre
答复 dáfu	répondre
訪問 fǎngwèn	rendre visite
約定 yuēdìng	fixer, convenir de
=定 dìng	fixer, convenir de
邀請 yāoqǐng	inviter
碰 pèng	rencontrer, heurter
碰見 pèngjian	rencontrer par hasard
遇 yù	rencontrer
遇到 yùdào	rencontrer
遇見 yùjian	rencontrer
見面 jiànmiàn	se voir, se rencontrer

接头 jiētóu	se mettre en rapport
接洽 jiēqià	se mettre en contact
交际 jiāojì	être en relation
交涉 jiāoshè	négocier, traiter
帮助 bāngzhù	aider
帮忙 bāngmáng	aider
安慰 ānwèi	consoler, réconforter
会客 huìkè	recevoir (des invités)
等 děng	attendre
等候 děnghòu	attendre
待(呆) dāi	rester
迎接 yíngjiē	accueillir, aller au devant de
欢迎 huānyíng	souhaiter la bienvenue
介绍 jièshào	présenter
招待 zhāodài	accueillir, recevoir
接近 jiējìn	approcher, être en rapport avec
請 qǐng	prier, demander
請客 qǐngkè	inviter
陪 péi	tenir compagnie, accompagner
謝 xiè	remercier
感謝 gǎnxiè	remercier, exprimer ses remerciements
庆祝 qìngzhù	fêter, célébrer
祝賀 zhùhè	féliciter, souhaiter

送礼 sònglǐ	faire un cadeau	
鞠躬 jūgōng	s'incliner, saluer	
抱歉 bàoqiàn	s'excuser	
道歉 dàoqiàn	s'excuser, demander pardon	
敬礼 jìnglǐ	saluer	
要求 yāoqiú	demander, exiger	
求 qiú	demander, prier	
要 yào	vouloir	
需要 xūyào	avoir besoin de	
给 gěi	donner	
得到 dédao	obtenir	
取得 qǔdé	recevoir, obtenir	
获得 huòdé	obtenir, remporter	
＝得 dé	obtenir, remporter	
失去 shīqu	perdre, manquer	
使得 shǐde	faire en sorte que	
免得 miǎnde	éviter que	
用 yòng	se servir de	
运用 yùnyòng	utiliser, employer	
用不着 yòngbuzháo	ne pas avoir besoin de	
替 tì	remplacer, suppléer	
代替 dàiti	remplacer, substituer	
尽 jìn	finir, épuiser	
借 jiè	emprunter, prêter	

送 sòng	donner, envoyer	
还 huán	rendre, rembourser	
嘱咐 zhǔfu	recommander, conseiller	
委托 wěituō	confier, charger	
＝托 tuō	confier, charger	
顾 gù	faire attention, s'occuper de	
惯 guàn	avoir l'habitude de	
惹 rě	provoquer, causer	
催 cuī	pousser à	
轰 hōng	presser de	
接受 jiēshòu	accepter	
允许 yǔnxu	permettre	
拒绝 jùjué	refuser	
推辞 tuīcí	refuser poliment, décliner	
取消 qǔxiāo	supprimer, annuler	
拉倒 lādǎo	laisser tomber	
耽误 dānwu	négliger, retarder	
称赞 chēngzàn	faire l'éloge de	
夸 kuā	vanter, se vanter	
夸奖 kuājiǎng	faire l'éloge de	
奖励 jiǎnglì	récompenser	
鼓励 gǔlì	encourager	
赞美 zànměi	louer, célébrer	

58

爱 ài	aimer	
恋爱 liàn'ài	aimer (d'amour)	
结婚 jiéhūn	se marier	
离婚 líhūn	divorcer	
养 yǎng	nourrir, élever	
养活 yǎnghuo	élever	

7.

工业化 gōngyèhuà	industrialiser	
工作 gōngzuo	travailler	
生产 shēngchǎn	produire	
增产 zēngchǎn	accroître la production	
作工 zuògōng	travailler (à une tâche)	
＝干活儿 gànhuór	travailler (à une tâche)	
作(做) zuò	faire	
弄 nòng	manier, toucher, faire	
干 gàn	faire	
搞 gǎo	faire	
进行 jìnxíng	entreprendre	
管理 guǎnlǐ	administrer, gérer	
管 guǎn	s'occuper de	
办 bàn	arranger, faire	
制造 zhìzào	fabriquer	
＝造 zào	fabriquer	

修 xiū	réparer, construire	
修理 xiūli	réparer	
建筑 jiànzhù	construire, édifier	
钉 dīng	clouer	
锯 jù	scier	
凿 záo	forer	
磨 mó	aiguiser	
磨 mò	moudre	
碾 niǎn	écraser, décortiquer	
轧 yà	écraser	
劈 pī	fendre	
破 pò	briser, casser	
弹 tán	arçonner, donner une chiquenaude	
炼 liàn	fondre, raffiner	
耕 gēng	labourer	
种 zhòng	planter, cultiver	
栽 zāi	planter	
种地 zhòngdì	cultiver la terre	
插秧 chāyāng	repiquer (le riz)	
播种 bōzhǒng	ensemencer, semer	
锄 chú	biner	
耪 pǎng	biner	
施肥 shīféi	épandre l'engrais	

59

收割 shōugē	moissonner	
下地 xiàdì	aller aux champs	
买 mǎi	acheter	
卖 mài	vendre	
赚 zhuàn	gagner (de l'argent)	
赔 péi	perdre, rembourser	
赔偿 péicháng	indemniser	
存 cún	conserver, garder	
算 suàn	compter, calculer	
计算 jìsuàn	compter, calculer	
核对 héduì	vérifier	
=对 duì	vérifier	
清理 qīnglǐ	régler, liquider	
采购 cǎigòu	acheter	
批发 pīfā	vendre en gros	
零售 língshòu	vendre au détail	
换 huàn	changer, échanger	
费 fèi	dépenser, gaspiller	
服务 fúwù	servir, être au service de	
互助 hùzhù	s'entraider	
合作 hézuò	coopérer	
分配 fēnpèi	distribuer, répartir	
调剂 tiáojì	régler, arranger	

剥削 bōxuē	exploiter	

8.

拥护 yōnghu	soutenir, approuver	
支持 zhīchi	soutenir, maintenir	
保卫 bǎowèi	défendre, protéger	
保持 bǎochí	maintenir, garder	
坚持 jiānchí	tenir bon, persévérer	
保护 bǎohu	protéger	
号召 hàozhào	appeler, faire appel à	
响应 xiǎngyìng	répondre à un appel	
动员 dòngyuán	mobiliser	
推动 tuīdòng	pousser, mettre en mouvement	
推广 tuīguǎng	diffuser, populariser	
开动 kāidòng	déclencher, mettre en marche	
开展 kāizhǎn	déclencher, développer	
发扬 fāyáng	développer	
扩充 kuòchōng	amplifier, étendre	
宣传 xuānchuán	faire de la propagande	
鼓动 gǔdòng	provoquer, stimuler	
声明 shēngmíng	déclarer, proclamer	
说明 shuōmíng	expliquer, démontrer	
解释 jiěshi	expliquer	
补充 bǔchōng	compléter	

60

汇报	huìbào	rendre compte		組織	zǔzhī	organiser, constituer
报告	bàogào	faire un rapport, rendre compte		酝酿	yùnniàng	fermenter, mûrir, se former
反映	fǎnyìng	réagir		商量	shāngliang	délibérer, discuter
发表	fābiǎo	exprimer, publier		协商	xiéshāng	délibérer, négocier
				团结	tuánjié	s'unir
开会	kāihuì	tenir une réunion		联合	liánhé	unir, associer, s'allier
开幕	kāimù	inaugurer, ouvrir		領导	lǐngdǎo	guider, diriger
閉幕	bìmù	clore, terminer		吸收	xīshōu	assimiler, recruter
筹备	chóubèi	préparer		批准	pīzhǔn	approuver, ratifier
举行	jǔxíng	tenir, avoir lieu		組成	zǔchéng	former
参加	cānjiā	participer		登記	dēngjì	s'inscrire, enregistrer
成立	chénglì	établir, fonder		建立	jiànlì	établir, instituer
討論	tǎolùn	discuter		建設	jiànshè	édifier, fonder
辯論	biànlùn	discuter, débattre		争取	zhēngqǔ	s'efforcer de, lutter pour
争論	zhēnglùn	discuter		集中	jízhōng	grouper, concentrer
提議	tíyì	proposer		集合	jíhé	réunir, rassembler
表决	biǎojué	voter, approuver		脱离	tuōlí	s'écarter de, quitter
决議	juéyì	adopter, décider				
决定	juédìng	décider		启发	qǐfā	inspirer, stimuler
通过	tōngguò	adopter, voter		影响	yǐngxiǎng	influencer
贊成	zànchéng	approuver		表揚	biǎoyáng	faire l'éloge de
总結	zǒngjié	faire un bilan		說服	shuōfu	convaincre
选举	xuǎnjǔ	élire		批評	pīping	critiquer
投票	tóupiào	voter		批判	pīpàn	critiquer, juger
				检討	jiǎntǎo	faire son autocritique

反省	fǎnxǐng	réfléchir, faire son examen de conscience
隐瞒	yǐnmán	cacher, dissimuler
承认	chéngrèn	reconnaître, avouer
暴露	bàolù	dévoiler, se démasquer
坦白	tǎnbái	avouer
讲理	jiǎnglǐ	raisonner, faire entendre raison
提出	tíchu	présenter, formuler *(des critiques, etc...)*
指出	zhǐchu	montrer, indiquer
受到	shòudao	subir
挨	āi	subir, souffrir
罚	fá	châtier, punir
打击	dǎji	frapper
报复	bàofù	se venger
限制	xiànzhi	restreindre, limiter
禁止	jìnzhǐ	interdire
改	gǎi	changer, modifier
改造	gǎizào	reconstruire, réorganiser
改革	gǎigé	réformer
改变	gǎibiàn	changer, modifier
改进	gǎijìn	transformer, améliorer
改善	gǎishàn	améliorer
改良	gǎiliáng	améliorer, amender
修改	xiūgǎi	corriger, modifier

創造	chuàngzào	créer, inventer
表示	biǎoshì	exprimer, manifester
表現	biǎoxiàn	faire preuve de
請示	qǐngshì	demander des instructions
利用	lìyòng	utiliser, mettre à profit
使用	shíyòng	employer, utiliser
应用	yìngyòng	appliquer, mettre en pratique
预备	yùbei	préparer
准备	zhǔnbei	préparer, se préparer
布置	bùzhi	préparer, arranger
防止	fángzhǐ	empêcher, éviter
搜集	sōují	rechercher, rassembler *(des matériaux)*
整理	zhěnglǐ	mettre en ordre
整顿	zhěngdùn	mettre en ordre, réorganiser
处理	chǔli	régler, traiter
行动	xíngdong	agir
停頓	tíngdùn	interrompre
保证	bǎozhèng	garantir, répondre de
完成	wánchéng	accomplir, achever
失败	shībài	échouer
代理	dàilǐ	remplacer, suppléer
代表	dàibiǎo	représenter
尊敬	zūnjìng	respecter, estimer
尊重	zūnzhòng	respecter

服从	fúcóng	obéir, se soumettre
负担	fùdān	se charger de
担任	dānrèn	assumer, avoir la responsabilité de
贡献	gòngxiàn	offrir, contribuer
照顾	zhàogù	prendre soin de, veiller sur
优待	yōudài	favoriser, bien traiter
請求	qǐngqiú	demander
申請	shēnqǐng	solliciter, faire une requête
調查	diàochá	faire une enquête
活动	huódòng	agir, se mouvoir
负責	fùzé	assumer, avoir la responsabilité de
确定	quèdìng	fixer, définir
检查	jiǎnchá	contrôler, inspecter
督促	dūcu	surveiller, contrôler
监督	jiāndū	surveiller, contrôler
操纵	cāozòng	manœuvrer, manipuler, faire marcher
控制	kòngzhì	maîtriser, dominer
掌握	zhǎngwo	contrôler, dominer
把握	bǎwo	tenir, (être) sûr
应付	yìngfu	faire face à, parer à

9.

冲突	chōngtu	se heurter, entrer en conflit

破坏	pòhuài	détruire, saboter
斗爭	dòuzhēng	lutter, combattre
打倒	dǎdǎo	abattre, renverser
打破	dǎpò	casser, briser
推翻	tuīfān	renverser
打仗	dǎzhàng	se battre, faire la guerre
战斗	zhàndòu	combattre
侵略	qīnlüè	envahir
压迫	yāpo	opprimer
逼	bī	contraindre, forcer
反抗	fǎnkàng	résister, s'opposer
抵抗	dǐkàng	résister
反对	fǎnduì	s'opposer, être hostile à
指挥	zhǐhuī	commander, diriger
調动	diàodòng	déplacer (des troupes)
攻击	gōngji	attaquer
防守	fángshǒu	défendre, protéger
防备	fángbèi	prévenir, se prémunir contre
包围	bāowéi	encercler, cerner
派	pài	envoyer (un émissaire)
出发	chūfā	partir
挑战	tiǎozhàn	provoquer, lancer un défi
突击	tūjī	assaillir, attaquer par surprise
粉碎	fěnsuì	écraser, mettre en pièces

9.

63

克服	kèfu	vaincre, surmonter (une difficulté)
奋斗	fèndòu	lutter pour
拼命	pīnmìng	risquer sa vie, vouloir à tout prix
牺牲	xīshēng	se sacrifier, mourir
俘虏	fúlǔ	faire prisonnier
投降	tóuxiáng	se rendre
复员	fùyuán	démobiliser
镇压	zhènyā	réprimer
逮捕	dàibǔ	arrêter
处罚	chǔfá	condamner
强迫	qiǎngpò	obliger, contraindre
犯	fàn	violer (la loi), commettre (un crime)
查	chá	examiner, vérifier
救	jiù	secourir, aider
欺负	qīfu	insulter
侮辱	wǔrǔ	humilier, offenser
撒谎	sāhuǎng	mentir
欺骗	qīpiàn	tromper, duper
＝骗	piàn	tromper, duper
哄	hǒng	tromper, duper
争吵	zhēngchǎo	se quereller, se disputer
＝吵架	chǎojià	se quereller, se disputer

打架	dǎjià	se battre
搞乱	dǎoluàn	semer le trouble
混	hùn	vivre au jour le jour, mêler
糟踏	zāota	endommager, gâcher
偷	tōu	voler, dérober
抢	qiǎng	piller, enlever de force
夺	duó	s'emparer de, prendre par la force

10

10.

旅行	lǚxíng	voyager
运输	yùnshū	transporter
联络	liánluò	se mettre en rapport
出差	chūchāi	partir en mission
动身	dòngshēn	se mettre en route
开车	kāichē	démarrer, partir, conduire (une voiture)
乘	chéng	monter (en bateau, en voiture)
骑	qí	monter (à cheval, à bicyclette)
驾驶	jiàshǐ	conduire, piloter
渡	dù	traverser (une rivière)
划	huá	ramer
通知	tōngzhī	informer, avertir
报导	bàodǎo	rapporter, rendre compte
通信	tōngxìn	correspondre
收	shōu	recevoir (une lettre)

发 fā	envoyer, distribuer	
发出 fāchū	envoyer, expédier	
寄 jì	expédier	
广播 guǎngbō	radiodiffuser	

11.

教育 jiàoyù	enseigner, instruire
训练 xùnliàn	\ former, entraîner
指导 zhǐdǎo	diriger, instruire
指教 zhǐjiào	renseigner, donner des conseils
教学 jiàoxué	enseigner
培养 péiyǎng	former
教 jiāo	enseigner
教给 jiāogei	enseigner à
請教 qǐngjiào	demander conseil
学 xué	étudier, apprendre
学习 xuéxi	étudier, apprendre
学会 xuéhuì	savoir
识字 shízì	savoir lire
讀书 dúshū	faire des études, lire
＝讀 dú	étudier, lire
上学 shàngxué	aller à l'école
放学 fàngxué	sortir de l'école
上課 shàngkè	assister à un cours, avoir cours

11.

下課 xiàkè	sortir de cours
用功 yònggōng	s'appliquer
练习 liànxi	s'exercer, pratiquer
自习 zìxí	étudier seul
考試 kǎoshì	passer un éxamen
毕业 bìyè	terminer ses études, être diplômé
放假 fàngjià	être en vacances
請假 qǐngjià	demander un congé
研究 yánjiu	étudier, faire des recherches
观察 guānchá	observer, examiner
分析 fēnxī	analyser
比较 bǐjiào	comparer
测量 cèliáng	mesurer, sonder
挑选 tiāoxuǎn	choisir
发现 fāxiàn	remarquer, découvrir
发明 fāmíng	inventer, découvrir
試 shì	essayer
試验 shìyàn	expérimenter, faire une expérience
证明 zhèngmíng	prouver, démontrer
参考 cānkǎo	consulter, se référer à
翻譯 fānyì	traduire
写 xiě	écrire
＝写字 xiězì	écrire
写作 xiězuò	écrire, composer

記录	jìlù		noter
抄	chāo		noter, copier
=抄写	chāoxiě		noter, copier
涂	tú		peindre
画	huà		peindre, dessiner
著	zhù		écrire, composer
校对	jiàoduì		corriger, réviser
印	yìn		imprimer
印刷	yìnshuā		imprimer
出版	chūbǎn		publier
发行	fāxíng		éditer, publier

12.   12.

玩儿	wánr		jouer, se distraire
=玩耍	wánshuǎ		jouer
游戏	yóuxì		se distraire, jouer
跳舞	tiàowǔ		danser
上操	shàngcāo		aller faire du sport
游泳	yóuyǒng		nager
赛跑	sàipǎo		courir, faire de la course
赛球	sàiqiú		faire un match *(de ballon)*
比赛	bǐsài		concourir, rivaliser
=赛	sài		concourir, rivaliser
赢	yíng		gagner

输	shū		perdre
演戏	yǎnxì		répéter
表演	biǎoyǎn		jouer, représenter
奏乐	zòuyuè		jouer *(de la musique)*

13.   13.

刺激	cìji		exciter, stimuler
感到	gǎndao		éprouver *(un sentiment)*
觉得	juéde		sentir *(physiquement)*, trouver que
感动	gǎndòng		être ému
喜欢	xǐhuan		aimer
佩服	pèifu		admirer
爱护	àihu		veiller sur, prendre soin de
同情	tóngqíng		compatir, sympathiser avec
讨厌	tǎoyàn		ennuyer, dégoûter
怨	yuàn		se plaindre de, grogner
抱怨	bàoyuàn		se plaindre, en vouloir à
埋怨	mányuàn		se plaindre, grommeler
误会	wùhuì		mal comprendre, se méprendre
恨	hèn		haïr, détester
怪	guài		en vouloir à
气	qì		se fâcher, se mettre en colère
生气	shēngqì		se mettre en colère
害怕	hàipà		redouter, craindre
=怕	pà		redouter, craindre

66

吓 xià	effrayer, faire peur
=吓唬 xiàhu	effrayer, faire peur
心疼 xīnténg	aimer, chérir
舍不得 shěbude	ne pouvoir se séparer de
舍得 shěde	pouvoir se séparer de
害羞 hàixiū	avoir honte, être intimidé
满意 mǎnyì	être satisfait
愁 chóu	être triste
着急 zháojí	être inquiet, s'affoler
吃惊 chījīng	être effrayé, s'étonner
伤心 shāngxīn	s'affliger
忍耐 rěnnài	supporter, patienter
忍受 rěnshòu	souffrir, tolérer
知道 zhīdao	savoir
晓得 xiǎode	savoir
懂 dǒng	comprendre
了解 liǎojiě	comprendre
明白 míngbai	comprendre
认识 rènshi	connaître
认得 rènde	connaître
认为 rènwei	croire, penser
体会 tǐhui	avoir l'expérience de, se rendre compte de
以为 yǐwéi	croire à tort, se figurer que
相信 xiāngxìn	croire, avoir confiance en

留心 liúxīn	faire attention, prendre garde à
注意 zhùyì	faire attention
关心 guānxīn	s'intéresser à, se soucier de
担心 dānxīn	s'inquiéter, se soucier de
小心 xiǎoxin	faire attention, prendre garde à
安心 ānxīn	être tranquille
放心 fàngxīn	se tranquilliser
想 xiǎng	penser, réfléchir, croire
想出 xiǎngchu	trouver, se rappeler
考虑 kǎolu	réfléchir
分别 fēnbié	distinguer
觉悟 juéwù	prendre conscience
解决 jiějué	résoudre
同意 tóngyì	être d'accord
记 jì	se souvenir, noter
惦记 diànji	se soucier, s'inquiéter
纪念 jìniàn	célébrer, commémorer
忘 wàng	oublier
忘记 wàngji	oublier
迷 mí	s'égarer, s'éprendre
信 xìn	croire
迷信 míxìn	être superstitieux
怀疑 huáiyí	douter de, soupçonner
猜 cāi	deviner

67

数 shǔ	compter, dénombrer	
打算 dǎsuan	avoir l'intention de	
希望 xīwang	espérer	
盼望 pànwang	désirer vivement	
失望 shīwàng	désespérer, se décourager	
回忆 huíyì	se souvenir	
后悔 hòuhuǐ	regretter	

14.

14.

晴 qíng	faire beau temps
阴 yīn	faire mauvais temps
下雨 xiàyǔ	pleuvoir
下雪 xiàxuě	neiger
刮风 guāfēng	faire du vent
打闪 dǎshǎn	faire des éclairs
打雷 dǎléi	tonner
冻 dòng	geler
=上冻 shàngdòng	geler
结冰 jiébīng	geler
化 huà	fondre
落 luò	tomber
飘 piāo	flotter, voltiger

流 liú	couler, s'écouler
流动 liúdòng	circuler
沉 chén	couler, sombrer
涨水 zhǎngshuǐ	monter, être en crue
淋 lín	tomber en pluie, dégoutter
晒 shài	exposer au soleil, sécher
着火 zháohuǒ	s'enflammer
灭 miè	éteindre, s'éteindre
爆发 bàofā	éclater
炸 zhà	exploser, éclater
飞 fēi	voler
滚 gǔn	rouler, bouillir
转 zhuǎn	tourner, rouler
绕 rào	tourner autour, entourer
断 duàn	rompre
塞 sāi	boucher, obstruer
塌 tā	s'écrouler
冒 mào	s'élever (*fumée*)
照 zhào	éclairer, illuminer
散开 sànkai	éparpiller, disperser
发生 fāshēng	arriver, survenir
开始 kāishǐ	commencer
出现 chūxiàn	apparaître

产生	chǎnshēng	produire, causer
变化	biànhuà	se transformer, changer
＝变	biàn	se transformer, changer
变成	biànchéng	se transformer en
发展	fāzhǎn	développer, accroître
发达	fādá	prospérer
流行	liúxíng	se propager
继续	jìxù	continuer
延长	yáncháng	prolonger, étendre
经过	jīngguò	traverser, se passer
达到	dádào	arriver à, atteindre
成为	chéngwéi	devenir
成	chéng	réussir, achever
下降	xiàjiàng	descendre, tomber
衰败	shuāibài	péricliter, dépérir
結束	jiéshù	terminer, conclure
停止	tíngzhǐ	arrêter, cesser
消灭	xiāomiè	anéantir
加	jiā	ajouter, additionner
添	tiān	ajouter
凑	còu	rassembler
加入	jiārù	entrer, adhérer
增加	zēngjiā	augmenter
扩大	kuòdà	augmenter, agrandir

提高	tígāo	élever, hausser
超过	chāoguo	dépasser, excéder
少	shǎo	diminuer, manquer
缺少	quēshǎo	manquer
缺乏	quēfá	manquer de, être à court de
减	jiǎn	diminuer, réduire
减少	jiǎnshǎo	diminuer, réduire
剩	shèng	rester
包括	bāokuo	contenir, comprendre

15.

能	néng	pouvoir, être capable de
能够	nénggou	pouvoir
会	huì	savoir, pouvoir
可以	kěyi	pouvoir, avoir la permission de
可能	kěnéng	être possible
該	gāi	devoir (*obligation morale*)
应该	yīnggāi	devoir (*obligation morale*)
应当	yīngdāng	devoir (*obligation morale*)
必須	bìxū	falloir
要	yào	vouloir
愿意	yuànyì	désirer
肯	kěn	vouloir bien, consentir

配	pèi	être digne de
敢	gǎn	oser
情愿	qíngyuàn	désirer ardemment, préférer
宁可	nìngkě	préférer
值得	zhíde	valoir la peine, mériter
来	lái	se rapprocher*
去	qù	s'éloigner*
上	shàng	monter*
下	xià	descendre*
进	jìn	entrer*
出	chū	sortir*
过	guò	passer*
回	huí	retourner*, revenir*
开	kāi	séparer*, éloigner*
起	qǐ	se dresser*
上来	shànglai	monter* *(en se rapprochant)*
上去	shàngqu	monter* *(en s'éloignant)*
下来	xiàlai	descendre* *(en se rapprochant)*
下去	xiàqu	descendre* *(en s'éloignant)*, continuer*
进来	jìnlai	entrer* *(en se rapprochant)*

进去	jìnqu	entrer* *(en s'éloignant)*
出来	chūlai	sortir* *(en se rapprochant)*
出去	chūqu	sortir* *(en s'éloignant)*
过来	guòlai	s'approcher*, venir*
过去	guòqu	s'éloigner*, passer* *(en s'éloignant)*
回来	huílai	revenir*
回去	huíqu	retourner*
起来	qǐlai	se dresser*, commencer à*

〔注〕

是	shì	être
就是	jiùshì	c'est
不是	búshì	ne pas être
象	xiàng	ressembler à
等于	děngyu	être égal à, équivaloir
有	yǒu	avoir, il y a
没有	méiyǒu	ne pas avoir, il n'y a pas
在	zài	se trouver, être en un lieu

* *On ne peut donner ici qu'une indication de sens, ces verbes servant à préciser la direction de l'action exprimée par le verbe principal. Ils sont prononcés au ton léger.*

三、形 容 詞

1.

大	dà	grand
小	xiǎo	petit
高	gāo	haut, élevé
低	dī	bas
长	cháng	long
短	duǎn	court
粗	cū	gros, grossier
細	xì	mince, délicat
远	yuǎn	éloigné
近	jìn	proche
寬	kuān	large
窄	zhǎi	étroit
厚	hòu	épais
薄	báo	mince
深	shēn	profond
浅	qiǎn	peu profond
满	mǎn	plein
空	kōng	vide, libre
多	duō	nombreux
＝众多	zhòngduō	nombreux
不少	bùshǎo	nombreux
少	shǎo	peu nombreux

ADJECTIFS

方	fāng	carré
圓	yuán	rond
扁	biǎn	aplati
尖	jiān	pointu, aigu
平	píng	plat
正	zhèng	droit, juste
偏	piān	incliné, oblique
歪	wāi	oblique, de travers
横	héng	transversal
直	zhí	droit
斜	xié	incliné, en biais
弯	wān	courbé
光明	guāngmíng	brillant, lumineux
明亮	míngliàng	clair, lumineux
＝亮	liàng	clair, lumineux
黑暗	hēi'àn	sombre, obscur
＝暗	àn	sombre, obscur
紅	hóng	rouge
黄	huáng	jaune
綠	lù	vert, bleu-vert
青	qīng	vert, bleu, noir
蓝	lán	bleu
紫	zǐ	violet, pourpre
黑	hēi	noir

71

＝黑色	hēise	noir
烏黑	wūhēi	noir
白	bái	blanc
＝白色	báise	blanc
雪白	xuěbái	blanc comme neige
灰色	huīsè	gris
强	qiáng	fort, robuste
强壮	qiángzhuàng	robuste
弱	ruò	faible
軟弱	ruǎnruò	faible, maladif
薄弱	bóruò	faible, délicat
重	zhòng	lourd
輕	qīng	léger
快	kuài	rapide
慢	màn	lent
迟	chí	lent, en retard
干(乾)	gān	sec
湿	shī	humide
浓	nóng	épais, fort
淡	dàn	léger, fade
稠	chóu	dense, serré
密	mì	serré, secret
稠密	chóumì	serré, touffu
稀	xī	rare, clair

稀薄	xībó	mince
稀少	xīshǎo	rare
硬	yìng	dur
軟	ruǎn	mou
粗糙	cūcāo	grossier, rude
細賦	xìnì	raffiné, soigné
細致	xìzhi	fin, délicat
粘	nián	collant, gluant, visqueux
光滑	guānghuá	lisse, poli, glissant
＝滑	huá	lisse, poli, glissant
紧	jǐn	serré, urgent
松	sōng	lâche, détendu
干净	gānjing	propre
＝净	jìng	propre
清洁	qīngjié	propre, pur
骯脏	āngzāng	sale
＝脏	zāng	sale
卫生	wèishēng	sain, salubre
健康	jiànkāng	bien portant, en bonne santé
巩固	gǒnggù	renforcé, consolidé
結实	jiēshi	solide, résistant
腐朽	fǔxiǔ	pourri
热鬧	rènao	animé
清静	qīngjing	calme, tranquille

72

平静	píngjìng	calme, paisible
高大	gāodà	grand
雄壮	xióngzhuàng	majestueux
广大	guǎngdà	vaste, grand, large
整齐	zhěngqí	régulier, en ordre
乱	luàn	confus, en désordre
碎	suì	menu, brisé
稳	wěn	stable, sûr
准	zhǔn	juste, précis, exact
茂盛	màoshèng	épais, prospère
旺盛	wàngshèng	prospère, vigoureux
成熟	chéngshú	mûr

2.

好	hǎo	bon, bien *adv.*
坏	huài	mauvais, méchant, endommagé
糟糕	zāogāo	ennuyeux, fâcheux
恶劣	èliè	méchant, vicieux
对	duì	juste, exact
错	cuò	faux, erroné
不错	búcuò	exact, vrai
正确	zhèngquè	juste, exact
错误	cuòwu	faux, erroné
真	zhēn	vrai

真正	zhēnzhèng	vrai, véritable
当真	dàngzhēn	vrai, sérieux, considéré comme vrai
假	jiǎ	faux, mensonger
早	zǎo	matinal, tôt *adv.*
晚	wǎn	tardif, tard *adv.*
生	shēng	cru, inconnu
熟	shóu	mûr, familier
新	xīn	neuf, nouveau
新鲜	xīnxian	frais, récent
旧	jiù	vieux, ancien

重要	zhòngyào	important, sérieux
主要	zhǔyào	essentiel, principal
了不起	liǎobuqǐ	extraordinaire
普通	pǔtōng	commun, ordinaire
特别	tèbié	exceptionnel, spécial, particulier
一般	yìbān	général
普遍	pǔbiàn	universel, général
合适	héshì	approprié, convenable
适当	shìdàng	convenable, approprié
妥当	tuǒdàng	convenable, juste, sûr
恰好	qiàhǎo	opportun
凑巧	còuqiǎo	opportun, à propos *adv.*
必要	bìyào	nécessaire
要紧	yàojǐn	important, urgent

73

平常	píngcháng	habituel, ordinaire
正常	zhèngcháng	normal
経常	jīngcháng	fréquent, courant
基本	jīběn	essentiel, fondamental
怪	guài	étrange, bizarre
奇怪	qíguài	singulier, bizarre
稀奇	xīqí	curieux, extraordinaire
希罕	xīhan	rare
現成的	xiànchéngde	tout fait
常見的	chángjiànde	courant, fréquent
眼前的	yǎnqiánde	présent, actuel
了不得	liǎobude	extraordinaire, merveilleux
不得了	bùdéliǎo	extraordinaire, terrible
宝贵	bǎoguì	précieux
贵重	guìzhong	précieux, rare
贵	guì	coûteux, cher, précieux
贱	jiàn	bon marché, vil
便宜	piányi	bon marché
差	chà	insuffisant, médiocre
有用	yǒuyòng	utile
无用	wúyòng	inutile, futile
累赘	léizhuì	encombrant, gênant
方便	fāngbian	commode, pratique
顺利	shùnlì	favorable, facile

不得已	bùdéyǐ	inévitable
不利	búlì	défavorable, désavantageux
不幸	búxìng	malheureux, malchanceux
完全	wánquán	complet
全部	quánbù	complet, intégral
所有	suǒyǒu	tout, tous
一切	yíqiè	tout, tous
其他	qítā	autre
其余	qíyú	restant
别的	biéde	autre
任何	rènhé	tout, n'importe quel
一部分	yíbùfen	partiel, en partie *adv.*
完	wán	fini
够	gòu	suffisant
彻底	chèdǐ	complet, à fond *adv.*
共同	gòngtóng	commun
相同	xiāngtóng	identique
一样	yíyàng	identique, semblable
相似	xiāngsì	analogue, semblable
相反	xiāngfǎn	contraire, opposé
絶对	juéduì	absolu
差不多	chàbuduō	peu différent
确实	quèshí	réel, vrai
所謂	suǒwèi	prétendu, soi-disant

74

实际	shíjì	réel, pratique
具体	jùtǐ	concret
密切	mìqiè	étroit, intime
严密	yánmì	secret, strict
严重	yánzhòng	grave, sérieux
紧急	jǐnjí	urgent
尖锐	jiānruì	aigu, pénétrant
危险	wēixiǎn	dangereux
安全	ānquán	sûr, en sécurité
平安	píng'ān	paisible, calme, sain et sauf
安稳	ānwěn	stable, sûr
可靠	kěkào	digne de confiance, sûr
统一	tǒngyī	uni, unifié
简单	jiǎndān	simple
复杂	fùzá	complexe, compliqué
坚固	jiāngù	solide, résistant
永久	yǒngjiǔ	éternel, durable
正式	zhèngshì	officiel, normal
公平	gōngpíng	équitable, juste
公开	gōngkāi	public, officiel
困难	kùnnan	difficile
难	nán	difficile
为难	wéinán	gêné, embarrassé

麻烦	máfan	ennuyeux
容易	róngyi	facile
行	xíng	convenable, bien *adv.*
明白	míngbai	clair, évident
明确	míngquè	net, précis
清楚	qīngchu	clair, distinct
详细	xiángxi	détaillé, minutieux
深刻	shēnkè	profond, approfondi
仔细	zǐxi	minutieux, soigneux, en détail *adv.*
明显	míngxiǎn	évident, manifeste
模糊	móhu	flou, confus, trouble
秘密	mìmi	secret

3.

热	rè	chaud
冷	lěng	froid
温	wēn	tiède
凉	liáng	frais
暖和	nuǎnhuo	tiède, doux
凉快	liángkuai	frais
甜	tián	sucré, doux
甜蜜	tiánmi	sucré, doux
酸	suān	acide, aigre

75

苦	kǔ	amer
辣	là	pimenté, fort
咸	xián	salé
涩	sè	âcre
好吃	hǎochī	bon *(à manger)*
难吃	nánchī	mauvais *(à manger)*
香	xiāng	parfumé, odorant
臭	chòu	malodorant, puant
腥	xīng	puant *(odeur de poisson, de sang)*
臊	sāo	puant *(odeur de mouton)*
好闻	hǎowén	agréable *(à sentir)*
难闻	nánwén	désagréable *(à sentir)*

响	xiǎng	sonore, retentissant
＝响亮	xiǎngliàng	sonore, retentissant
静	jìng	calme, silencieux
＝安静	ānjìng	calme, silencieux
好听	hǎotīng	agréable *(à entendre)*, mélodieux
难听	nántīng	désagréable *(à entendre)*

饱	bǎo	rassasié, repu
饿	è	affamé
渴	kě	assoiffé
困	kùn	harassé
疲乏	pífá	fatigué, las

＝乏	fá	fatigué, las
疲劳	píláo	fatigué, las
累	lèi	fatigué
辛苦	xīnkǔ	fatigué, laborieux
闷	mèn	accablant, triste, accablé
晕	yūn	étourdi
疼	téng	douloureux
痛	tòng	douloureux, mal *adv.*
＝疼痛	téngtòng	douloureux, mal *adv.*
痒	yǎng	picotant, qui démange
恶心	ěxin	nauséeux

忙	máng	occupé, affairé
闲	xián	inoccupé, oisif
轻松	qīngsong	détendu
舒服	shūfu	confortable, à l'aise
慌	huāng	agité, effrayé
心慌	xīnhuāng	inquiet, agité, nerveux
恐慌	kǒnghuāng	effrayé, terrifié

4.

4.

矮	ǎi	petit
胖	pàng	gros, obèse
肥	féi	gras, fertile
瘦	shòu	maigre

壮	zhuàng	fort, vigoureux	
老	lǎo	âgé, vieux	
嫩	nùn	tendre, délicat	
年轻	niánqīng	jeune	

美	měi	beau
美丽	měili	beau
漂亮	piàoliang	joli
好看	hǎokàn	beau
丑陋	chǒulòu	laid, vilain
丑	chǒu	laid
难看	nánkàn	laid

残废	cánfèi	infirme, estropié
瞎	xiā	aveugle
瘸	qué	estropié, boiteux
聋	lóng	sourd
哑	yǎ	muet
秃	tū	chauve

5.

聪明	cōngming	intelligent
傻	shǎ	sot, bête
伶俐	língli	intelligent, vif, astucieux
愚笨	yúbèn	stupide, idiot

笨	bèn	gauche, lourd
精明	jīngming	intelligent, perspicace
愚蠢	yúchǔn	sot, bête
糊涂	hútu	idiot, absurde
灵便	língbian	habile, malin
灵活	línghuo	vif, habile
呆板	áibǎn	borné, obstiné

5.

老实	lǎoshi	honnête, sage, vrai
滑头	huátóu	rusé, fourbe
谦虚	qiānxū	modeste, humble
骄傲	jiāo'ao	orgueilleux
虚心	xūxīn	modeste
自满	zìmǎn	suffisant, content de soi
自大	zìdà	prétentieux, orgueilleux
谨慎	jǐnshèn	soigneux, prudent
粗鲁	cūlu	rude, grossier
冒失	màoshi	étourdi, irréfléchi
粗心	cūxīn	négligent, rude
小心	xiǎoxin	soigneux, prudent
大意	dàyi	imprudent, négligent
规矩	guīju	sage, raisonnable
随便	suíbiàn	négligent
认真	rènzhēn	sérieux, consciencieux
马虎	mǎhu	négligent

麻痺	mábì	négligent
和气	héqi	aimable, gentil
厉害	lìhai	féroce, méchant, extrême
温和	wēnhe	affable, doux
严肃	yánsù	sérieux, grave
严厉	yánlì	sévère
勇敢	yǒnggǎn	brave, courageux
懦弱	nuòruò	faible, timide
冷静	lěngjing	calme, pondéré
紧张	jǐnzhang	tendu, occupé
急躁	jízào	impatient, irritable
=急	jí	impatient, irritable
性急	xìngjí	impatient, vif
大胆	dàdǎn	audacieux, intrépide
胆小	dǎnxiǎo	peureux, lâche
凶恶	xiōng'è	féroce, impitoyable
残酷	cánkù	cruel, atroce
残忍	cánrěn	cruel
狠	hěn	cruel, dur
客气	kèqi	cérémonieux, poli
严格	yángé	strict
文明	wénming	civilisé, cultivé
野蛮	yěmán	sauvage, violent
伟大	wěidà	grand, grandiose

卑鄙	bēibǐ	vil, bas
可笑	kěxiào	comique, risible, ridicule
活泼	huópo	vif, vivant
顽固	wángu	obstiné, têtu
固执	gùzhí	obstiné, entêté
爽直	shuǎngzhí	franc, sincère
干脆	gāncuì	net, vif
疲踏	pítà	nonchalant, mou
热情	rèqíng	chaleureux, enthousiaste
阴险	yīnxiǎn	sournois
朴素	pǔsù	simple, modeste
腐化	fǔhuà	pourri, corrompu
大方	dàfang	généreux, large, libéral
小气	xiǎoqi	mesquin, avare
自私	zìsī	égoïste
坚决	jiānjué	résolu, ferme
坚强	jiānqiáng	ferme, fort
顽强	wánqiáng	opiniâtre, acharné
激烈	jīliè	violent, ardent
威风	wēifeng	imposant, majestueux
勤快	qínkuai	diligent, actif, travailleur
懒惰	lánduò	paresseux
敏捷	mǐnjié	prompt, agile, spirituel

巧 qiǎo	adroit, habile	

主动 zhǔdòng	actif, entreprenant
自动 zìdòng	automatique
自觉 zìjué	conscient
勉强 miǎnqiǎng	contraint, à contre-cœur *adv.*
周到 zhōudào	parfait, soigneux
熟练 shúliàn	adroit, expert
能干 nénggàn	capable, compétent
起劲儿 qǐjìnr	courageux, enthousiaste
踊跃 yǒngyuè	enthousiaste, ardent
踏实 tāshi	ferme, sérieux
努力 nǔlì	appliqué, studieux
罗嗦 luōsuo	ennuyeux, importun

出色 chūsè	exceptionnel, remarquable
有名 yǒumíng	célèbre
亲爱的 qīn'àide	cher, chéri
可爱 kě'ài	charmant, aimable
可怕 kěpà	terrible, effrayant, affreux
可恶 kěwù	exécrable, méchant
可怜 kělián	pitoyable
可惜 kěxī	regrettable, dommage
故意 gùyì	intentionnel, exprès *adv.*
乖 guāi	sage

顽皮 wánpi	espiègle
外行 wàiháng	profane

6.

高兴 gāoxìng	joyeux, heureux
难过 nánguò	malheureux
=不好过 bùhǎoguò	malheureux
欢喜 huānxi	joyeux, gai
恼怒 nǎonù	irrité, courroucé
愉快 yúkuài	gai, joyeux
忧愁 yōuchóu	triste, mélancolique
快乐 kuàilè	joyeux, gai
烦恼 fánnǎo	vexé, contrarié, inquiet
快活 kuàihuó	gai, jovial
苦闷 kǔmèn	affligé, mélancolique
畅快 chàngkuai	joyeux, à l'aise
痛苦 tòngkǔ	douloureux, affligé
好玩儿 hǎowánr	amusant
难受 nánshòu	pénible, désolé, mal à l'aise
满意 mǎnyì	satisfait, content
痛快 tòngkuai	joyeux, satisfait, agréable
悲哀 bēi'āi	triste, affligé

美满 měimǎn	parfait, achevé
满足 mǎnzú	suffisant, satisfaisant

79

亲热 qīnrè	affectueux	
热爱 rè'ài	chaleureux, ardent	
討厌 tǎoyàn	ennuyeux, dégoûtant	
沒法儿 méifǎr	impuissant, à bout de moyens	
热心 rèxīn	zélé, chaleureux	
兴奋 xīngfèn	enthousiaste, excité, impatient	
耐心 nàixīn	patient	
惭愧 cánkuì	confus, honteux	
羞 xiū	timide, confus	
＝害羞 hàixiū	timide, confus	
冤枉 yuānwang	victime d'une injustice	
上当 shàngdàng	dupé, trompé	
吃亏 chīkuī	lésé, victime d'un préjudice	
倒霉 dǎoméi	malchanceux	
丢人 diūrén	honteux	

7.

7.

富裕 fùyu	riche, prospère, aisé	
丰富 fēngfù	riche, abondant	
穷苦 qióngkǔ	pauvre	

穷 qióng	pauvre	
优越 yōuyuè	supérieur	
肥沃 féiwò	fertile	
繁荣 fánróng	prospère	
强大 qiángdà	puissant, grand	
自由 zìyóu	libre	
平等 píngděng	égal	
幸福 xìngfú	heureux	
和平 hépíng	pacifique	
光荣 guāngróng	glorieux	
进步 jìnbù	progressiste	
落后 luòhòu	arriéré, sous-développé	
先进 xiānjìn	avancé	
保守 bǎoshǒu	conservateur	
反动 fǎndòng	réactionnaire	
积极 jījí	positif, actif	
消极 xiāojí	négatif, passif	
乐观 lèguān	optimiste	
悲观 bēiguān	pessimiste	

四、数　词

1.

零	líng	zéro
一	yī	un
二	èr	deux
三	sān	trois
四	sì	quatre
五	wǔ	cinq
六	liù	six
七	qī	sept
八	bā	huit
九	jiǔ	neuf
十	shí	dix
十一	shíyī	onze
十二	shí'èr	douze
十三	shísān	treize
十四	shísì	quatorze
十五	shíwǔ	quinze
十六	shíliù	seize
十七	shíqī	dix-sept
十八	shíbā	dix-huit
十九	shíjiǔ	dix-neuf
二十	èrshí	vingt
三十	sānshí	trente
四十	sìshí	quarante

NUMÉRAUX

1.

五十	wǔshí	cinquante
六十	liùshí	soixante
七十	qīshí	soixante-dix
八十	bāshí	quatre-vingts
九十	jiǔshí	quatre-vingt-dix
一百	yìbǎi	cent
二百	bǎi	cent
千	qiān	mille
万	wàn	dix mille
万万	wànwàn	cent millions
二亿	yì	cent millions

2.

第	dì	*(préfixe ordinal)*
头	tóu	premier
初	chū	début *m*
中	zhōng	milieu *m*
末	mò	fin *f*
等	děng	classe *f*, degré *m*
号	hào	numéro *m*

3.

成	chéng	dizième *m (fraction)*
分	fēn	part *f*, partie *f*
百分	bǎifēn	pourcentage *m*

81

倍 bèi		fois *f*
折 zhé		reste *m* après escompte *m*
一牛 yíbàn		moitié *f*
＝牛 bàn		moitié *f*
每 měi		chaque
各 gè		chaque
单 dān		impair
双 shuāng		pair

4.

几个 jǐge		quelques
＝几 jǐ		quelques
上下 shàngxià		environ *adv.*

成千 chéngqiān	environ mille
上千 shàngqiān	un millier
成万 chéngwàn	environ dix mille
上万 shàngwàn	dix mille
千百万 qiān-bǎi-wàn	innombrable
一些 yìxiē	quelques, des, un peu de
＝些 xiē	quelques, des, un peu de
一点儿 yìdiǎnr	un peu de
＝点儿 diǎnr	un peu de
好几个 hǎojǐge	plusieurs
无数 wúshù	innombrable
許多 xǔduō	beaucoup de, nombreux
好些 hǎoxiē	beaucoup de, nombreux

五、量　詞

SPÉCIFICATIFS

1.

1.

个 gè	
种 zhǒng	
类 lèi	
只(隻) zhī	
双 shuāng	

sp. des personnes, sp. général

sorte *f* (dōngxi, yánsè, cai, dòngwù, zhíwù, shìqing)

espèce *f*, sorte *f* (dōngxi, yánsè, dòngwù, zhíwù)

(shǒu, jiǎo, yǎnjing, niǎor, jī, húdié, gǒu, yáng, zhū, chúan)

paire *f* (shǒu, kuàiz, xié, xuēz)

对	duì	paire *f*, couple *f* (yǎnjing, fū-qī, huàr)
打	dá	douzaine *f* (qiānbǐ, fěnbǐ)
付	fù	paire *f* (yǎnjingr, kuàiz, huàr)
項	xiàng	sorte *f* (gōngzuo)
部分	bùfen	partie *f* (dōngxi, cáiliào)
份儿	fènr	portion *f*, numéro *m* (cài, ròu, diǎnxin, bào)

位	wèi	*sp. de personnes (politesse)* (xiānsheng, tàitai, gūniang, zhǔxí)
名	míng	*sp. de personnes* (gōngrén, xuésheng, shìbīng)
口	kǒu	bouche *f*, bouchée *f* (rén, zhū, gāng 26, jǐng, zhōng, xiāngz, ròu)
群	qún	troupe *f*, troupeau *m* (rén, háiz, xuésheng, yáng, niǎor, láng, zhū)
帮	bāng	bande *f*, troupe *f* (rén, zéi)
伙	huǒ	groupe *m* (rén)
家	jiā	famille *f* (rénjiār, pùz, shūdiàn, lǚguǎn, fàndiàn, yínháng)
队	duì	troupe *f* (rén, bīng 40, xuésheng, dàyàn)
組	zǔ	groupe *m* (rén, cí)
班	bān	classe *f*, équipe *f* (xuésheng, shìbīng, rén)
排	pái	rangée *f*, section *f* (qiāng, rén, bīng 40)

匹	pǐ	(mǎ, lü, luóz, bù)
头	tóu	tête *f* (niú, lü, luòtuo, suàn)
条	tiáo	*sp. des objets longs* (hé, gōu, lù, jiē, kùz, bèiz, tuǐ, gēbei, shé, yú)
窝	wō	portée *f* (zhū, gǒu, māo)

棵 kē	*sp. des plantes* (shù, cǎo, báicài)	
枝 zhī	*sp. des objets allongés* (bǐ, máobǐ, gāngbǐ, jiàn, qiāng, làzhú)	
节 jié	partie d'un tout (huǒchē, shùzhī, shū)	
段 duàn	partie d'un tout (huà, shíjiān, lù 42, mùtou, fěnbǐ)	
颗 kē	*sp. des objets ronds* (huángdòu, xīn, xīng, zǐdàn, shǒuliúdàn)	
粒 lì	grain *m* (mǐ, shāz, zǐdán)	
串 chuàn	collier *m,* file *f* (qián, huà, luòtuo)	
根 gēn	*sp. des objets longs* (shéngz, tóufa, cǎo)	
朵 duǒ	(huār, yún)	
块 kuài	morceau *m* (dì, mò 27, mùtou, qián 39, féizào, bù, táng, ròu)	
把 bǎ	*sp. des objets à poignée* (dāo, shànz, sǎn, yǐz, cháhú, qiánz, mǐ, huār)	
片 piàn	tranche *f,* surface *f* (ròu, gāo, miànbāo, sēnlín, yún, píngyuán, wù, yèz)	
滴 dī	goutte *f* (chuǐ, yǎnlèi, xiě, hàn)	
股 gǔ	(xiàn 27, xiāngwèir, lìqi, fēng, shuǐ)	
滩 tān	(shuǐ, ní)	
场 cháng	*sp. des événements* (dòuzhēng, yǔ, bìng)	
场 chǎng	scène *f*	
道 dào	(mìnglìng, xiàn, shuǐ, mén, qiáng)	
圈儿 quānr	anneau *m* (huār, yān, yúncai)	
堆 duī	tas *m* (shítou, lājī, féiliào, mǎyǐ, báicài, cǎo, chái)	
叠 dié	pile *f* (zhǐ, guǎnggào)	
批 pī	(gōngrén, xuésheng, shìbīng, huò, dōngxi)	
捆 kǔn	botte *f,* fagot *m* (màiz, dàoz, cǎo, chái)	

84

层	céng	couche *f* (wù, tǔ, yún, bīng, lóu, pí)
面	miàn	(jìngz, qíz, gǔ)
张	zhāng	(zhǐ, zhàopiān, piào, zhuōz, chuáng, qín, gōng, lí 29, zuǐ, liǎn)
卷	juàn	rouleau *m* (zhǐ, huàr, shū)
本	běn	volume *m* (shū, zázhì, rìjì)
包	bāo	paquet *m* (dōngxi, táng, diǎnxin, shuǐguǒ)
封	fēng	*sp. des lettres* (xìn)
架	jià	*sp. des machines* (jīqi, fēijī, shōugējī, féngrènjī, tīz)
间	jiān	pièce *f* (wūz, fángz, bàngōngshì)
座	zuò	*sp. des édifices* (qiáo, fángz, yīyuàn, xìyuàn, gōngyuàn, shān, lóu)
扇	shàn	(mén, chuānghu, bōli)
辆	liàng	*sp. des véhicules à roues* (chē, huǒchē, qìchē, diànchē)
处	chù	endroit *m* (dìfang)
筒	tǒng	boîte *f* (yān 22, táng)
盒	hé	boîte *f* (táng, huǒchái)
瓶	píng	vase *m*, bouteille *f* (huār, jiǔ, shuǐ)
杯	bēi	verre *m* (chá, jiǔ, shuǐ)
盆	pén	pot *m*, vase *m* (shuǐ, huār, huǒ)
筐	kuāng	panier *m* (guǒz, cài, xīhóngshì)
桌	zhuō	table *f* (jiǔ, cài)
顿	dùn	(fàn)
件	jiàn	*sp. des choses, vêtements* (dōngxi, shìqing, xīnwén, yīfu, chènyī)

身	shēn	corps *m* (yīfu, bìng, hàn)
頂	dǐng	*sp. des chapeaux* (màoz)
套	tào	ensemble *m* (yīfu, chábēi, lǐlùn)
句	jù	*sp. des phrases* (huà)
篇	piān	*sp. des articles* (wénzhāng)
頁	yè	page *f* (shū)

公里	gōnglǐ	kilomètre *m*
里	lǐ	li *m* (ancien : 576 m ; nouveau : 500 m)
丈	zhàng	mesure *f* de 10 pieds *m*
步	bù	mesure *f* de 5 pieds *m*
米	mi	mètre *m*
=公尺	gōngchǐ	mètre *m*
尺	chǐ	pied *m* (ancien : 32 cm ; nouveau : 33,3 cm)
寸	cùn	pouce *m* (1/10 de pied)
分	fēn	1/10 de pouce *m*
厘	lí	1/100 de pouce *m*
頃	qǐng	100 mous *m*
畝	mǔ	mou *m* (0,066 ha)
石	dàn	10 boisseaux *m*
斗	dǒu	boisseau *m* (ancien : 10,35 l ; nouveau : 10 l)
升	shēng	pinte *f* (1/10 de boisseau)

合	gě	1/100 de boisseau *m*
吨	dūn (**ton**)	tonne *f*
担	dàn	picul *m* (ancien : 59,680 kg ; nouveau : [50 kg]
公斤	gōngjīn	kilo *m*
斤	jīn	livre *f* (ancienne : 597 g ; nouvelle : 500 g)
两	liǎng	once *f* (ancienne : 1/16 de livre ; nouvelle : [1/10 de livre]
錢	qián	1/100 de livre *f*
克	ke (gramme)	gramme *m*
元	yuán	yuan *m* (*unité monétaire*)
角	jiǎo	mao *m* (1/10 de yuan)
分	fēn	fen *m* (1/100 de yuan)
度	dù	degré *m*
盏	zhǎn	*sp. des lampes* (diàndēng)

2.   **2.**

次	cì	fois *f*
回	huí	fois *f*
遍	biàn	fois *f*
趟	tàng	fois *f*
陣	zhèn	fois *f*
遭	zāo	tour *m*, fois *f*
下	xià	coup *m*, fois *f*

六、代 詞

1.

我	wǒ	je, me, moi
我們	wǒmen	nous
你	nǐ	tu, te, toi
你們	nǐmen	vous
您	nín	vous (politesse)
他	tā	il, le, lui, elle, la (personne)
它	tā	il, le, lui, elle, la (chose)
他們	tāmen	ils, eux, leur, elles
咱們	zánmen	nous (toi et moi, vous et moi)
大家	dàjiā	tout le monde
自己	zìjǐ	(moi, toi, etc.)-même
人家	rénjia	autrui, les autres
別人	biéren	autrui, un autre, les autres
人們	rénmen	autrui, un autre, les autres
某	mǒu	les autres, on
		quelqu'un *

2.

这	zhè	celui-ci, celle-ci, ceci
这个	zhège	celui-ci, celle-ci, ceci *
这些	zhèxiē	ceux-ci, celles-ci *
这里	zhèli	ici adv.
这儿	zhèr	ici adv.
这边	zhèbian	ici adv.
这么	zhème	ainsi adv.
这样	zhèyang	ainsi adv.
那	nà	celui-là, celle-là, cela
那个	nàge	celui-là, celle-là, cela *
那些	nàxiē	ceux-là, celles-là *
那里	nàli	là adv.
那儿	nàr	là adv.
那边	nàbian	là adv.
那么	nàme	ainsi adv.
那样	nàyang	ainsi adv.

3.

誰	shuí	qui ?
什么	shénme	que ?, quoi ? *
（甚么）		que ?, quoi ? *
啥	shá	que ?, quoi ? *
哪	nǎ	lequel ?, laquelle ?
哪个	nǎge	lequel ?, laquelle ? *
哪里	nǎli	où ? *adv.*
哪儿	nǎr	où ? *adv.*
怎么	zěnme	comment ? *adv.*
怎样	zěnyang	comment ? *adv.*
怎么样	zěnmeyang	comment ? *adv.*

3.

多么	duóme	combien ? *adv.*
多少	duōshao	combien ? *adv.*
几个	jǐge	combien ? *adv. (pour un petit nombre)*
为什么	wèishénme	pourquoi ? *adv.*
干嘛	gànmá	pourquoi ? *adv.*

* Tous les pronoms signalés par un astérisque peuvent aussi s'employer comme adjectifs.

七、副 詞

1.

正	zhèng	justement, juste
才	cái	alors, alors seulement, à l'instant
刚	gāng	juste, à l'instant
刚刚	gānggāng	à l'instant
刚才	gāngcái	à l'instant, tout à l'heure (passé)
一	yī	à l'instant même, dès que conj.
立刻	lìkè	immédiatement, aussitôt
赶紧	gǎnjǐn	rapidement, aussitôt
赶快	gǎnkuài	vite, rapidement
当时	dāngshí	autrefois, à ce moment-là
临时	línshí	provisoirement
暂且	zànqiě	temporairement, pour le moment
暂时	zànshí	provisoirement
已経	yǐjing	déjà
早就	zǎojiù	il y a longtemps
老早	lǎozǎo	de bonne heure, depuis longtemps
一直	yìzhí	directement, tout droit, sans cesse
先	xiān	d'abord
原先	yuánxiān	au début, autrefois
先前	xiānqián	jadis, autrefois, auparavant
近来	jìnlái	récemment
向来	xiànglái	autrefois, toujours, jusqu'à maintenant

ADVERBES

1.

一向	yíxiàng	jusqu'à maintenant, toujours
頂先	yùxiān	d'avance, préalablement
曾経	céngjīng	déjà
将	jiāng	(marque du futur) sur le point de
将要	jiāngyào	(marque du futur) sur le point de
馬上	mǎshàng	immédiatement, sur-le-champ
一会儿	yìhuǐr	dans un instant, tout à l'heure
回头	huítóu	dans un instant, tout à l'heure [point de
正要	zhèngyào	(marque du futur immédiat) juste sur le
要	yào	(marque du futur immédiat) sur le point de
就要	jiùyào	(marque du futur immédiat) sur le point de
快	kuài	vite, bientôt
終于	zhōngyú	finalement, enfin
往后	wǎnghòu	désormais, dorénavant
忽然	hūrán	subitement, soudain
突然	tūrán	soudain, tout à coup
偶然	ǒurán	par hasard, fortuitement
偶尔	ǒu'ěr	par hasard, fortuitement
一时	yìshí	sur le moment, provisoirement
常	cháng	souvent, fréquemment
常常	chángcháng	souvent, fréquemment
时常	shícháng	souvent
屢次	lǚcì	à plusieurs reprises, maintes fois

反复 fǎnfù	de nouveau, à plusieurs reprises	
往往 wǎngwǎng	souvent, fréquemment	
时时刻刻 shíshíkèkè	toujours, à tout moment	
随时 suíshí	occasionnellement, n'importe quand	
始终 shǐzhōng	d'un bout à l'autre, entièrement	
永远 yǒngyuǎn	toujours, éternellement	
老 lǎo	toujours	

开头 kāitóu	d'abord
其次 qícì	ensuite
最后 zuìhòu	enfin, à la fin
来得及 láidejí	en temps, avoir le temps de
来不及 láibují	ne pas... en temps, ne pas avoir le temps de
连忙 liánmáng	à la hâte
渐渐地 jiànjiàndi	peu à peu, progressivement
慢慢地 mànmāndi	lentement, progressivement
快快地 kuàikuāidi	vite, rapidement
轻轻地 qīngqīngdi	doucement

2.

很 hěn	très
太 tài	trop, très
顶 dǐng	très
最 zuì	le plus
挺 tǐng	très

极其 jíqí	exrêmement, tout à fait
极 jí	extrêmement, très
非常 fēicháng	extrêmement, très
十分 shífēn	tout à fait

特别 tèbié	particulièrement, spécialement
过于 guòyú	trop, à l'excès
尤其 yóuqí	surtout
格外 géwài	exceptionnellement, spécialement
甚至 shènzhì	même, au plus
尽量 jǐnliàng	le plus possible
简直 jiǎnzhí	vraiment, simplement
至少 zhìshǎo	au moins
至多 zhìduō	au plus

更 gèng	davantage
越 yuè	plus
越发 yuèfa	de plus en plus
更加 gèngjiā	davantage, encore plus
稍微 shāowěi	légèrement, un peu
有点儿 yǒudiǎnr	un peu
大致 dàzhì	à peu près, en général
差不多 chàbuduō	à peu près, environ
几乎 jīhu	presque
似乎 sìhu	apparemment

90

似的 shìde	apparemment, comme	

真 zhēn	vraiment
实在 shízài	vraiment, réellement
的确 díquè	réellement, en effet
恰巧 qiàqiǎo	justement, à propos
互相 hùxiāng	mutuellement, réciproquement
亲自 qīnzì	personnellement

好 hǎo	bien, très, extrêmement
好好儿地 hǎohāordi	bien
白 bái	en vain
偷偷地 tōutōudi	furtivement

3.

都 dōu	totalement, au complet
都是 dōushì	totalement
全 quán	complètement, tout à fait
统统 tǒngtǒng	en tout, au total
总 zǒng	totalement, toujours
总之 zǒngzhī	en un mot, en résumé
一齐 yìqí	entièrement, ensemble
一概 yígài	sans exception
一致 yízhì	à l'unanimité
整个儿 zhěnggèr	entièrement, complètement

一起 yìqǐ	ensemble
一同 yìtóng	ensemble
一块儿 yíkuàir	ensemble
一共 yígòng	en tout, au total
总共 zǒnggòng	en tout
到处 dàochù	partout

只 zhǐ	seulement, ne... que
只是 zhǐshì	seulement, mais *conj.*, cependant *conj.*
只有 zhǐyǒu	il n'y a que
只要 zhǐyào	il suffit de, si seulement
光 guāng	seulement
仅仅 jǐnjǐn	à peine, seulement
只好 zhǐhǎo	il n'y a qu'à, il vaut mieux
专门 zhuānmén	spécialement
万一 wànyī	si jamais *conj*, au cas où *conj.*
只得 zhǐdé	il n'y a qu'à

一边儿 yìbiānr	d'une part

4.

还 hái	encore, en outre, davantage
还是 háishì	encore, ou bien *conj.*
还有 háiyǒu	en outre
又 yòu	de nouveau, encore

再	zài	encore, de nouveau, davantage	

也	yě	aussi, également
仍旧	réngjiu	comme d'habitude
仍然	réngrán	encore, toujours
照样	zhàoyàng	de même
另	lìng	en outre
另外	lìngwài	en outre, de plus
从新	cóngxīn	à nouveau

5.

就	jiù	alors, tout de suite, seulement
就是	jiùshì	exactement, juste
可	kě	vraiment
倒	dào	au contraire
偏	piān	contrairement (*à un ordre, à une prévision*)
偏偏	piānpiān	contrairement (*à un ordre, à une prévision*)
到底	dàodǐ	au fond, après tout
究竟	jiūjìng	finalement, en définitive [dait
竟然	jìngrán	finalement, contrairement à ce que l'on atten-
=竟	jìng	finalement, contrairement à ce que l'on atten-
果然	guǒrán	en effet, naturellement [dait
自然	zìrán	naturellement
固然	gùrán	certainement, assurément
居然	jūrán	contrairement à ce que l'on attendait

92

当然	dāngrán	assurément, certainement
难免	nánmiǎn	inévitablement
未免	wèimiǎn	nécessairement, inévitablement
幸亏	xìngkuī	heureusement
左右	zuǒyòu	environ, de toute façon

原来	yuánlái	primitivement, en réalité
本来	běnlái	à l'origine, réellement
根本	gēnběn	fondamentalement
其实	qíshí	au fond, en réalité
千万	qiānwàn	absolument, à tout prix
反正	fǎnzhèng	en tout cas

或者	huòzhě	peut-être, ou *conj.*
=或	huò	peut-être, ou *conj.*
大概	dàgài	probablement
大约	dàyuē	environ
恐怕	kǒngpà	peut-être
可能	kěnéng	peut-être, vraisemblablement
也许	yěxǔ	peut-être
好象	hǎoxiàng	comme, comme si *conj.*
哪怕	nǎpà	même, quand bien même *conj.*

6.

不	bù	ne... pas

沒 méi	ne... pas	
沒有 méiyou	ne... pas	
非 fēi	ne... pas	
不必 búbì	il n'est pas nécessaire de	
不用 búyòng	ce n'est pas la peine	
別 bié	ne... pas (+ *impératif*)	
不得不 bùdébù	nécessairement, obligatoirement	
不可不 bùkěbù	obligatoirement	
不能不 bùnéngbù	obligatoirement	
不可 bùkě	il ne faut pas	
不能 bùnéng	il est impossible, il ne faut pas	

不要 búyào	il ne faut pas	
未必 wèibì	pas nécessairement	
何必 hébì	à quoi bon	
可以 kěyi	il est permis	
一定 yídìng	certainement	
必然 bìrán	nécessairement	
必須 bìxū	nécessairement	
不大 búdà	pas tellement	

八、介　詞

PRÉPOSITIONS

拿 ná	au moyen de (+ *c.o. antéposé*)	
把 bǎ	(*marque du c.o. antéposé*)	
替 tì	pour, à la place de	
給 gěi	à, pour, par (*marque de l'agent*)	
受 shòu	par (*marque de l'agent*)	
叫 jiào	par (*marque de l'agent*)	
以 yǐ	au moyen de, d'après, en (*date*)	
在 zài	à, en	
靠 kào	près de, contre	

当 dāng	en présence de, devant	
照 zhào	vers, en direction de	
趁 chèn	en profitant de	
自 zì	de, depuis	
从 cóng	de, depuis	
自从 zìcóng	à partir de, dès	
由 yóu	depuis, par	
到 dào	à, jusqu'à	
上 shàng	sur	

93

往	wǎng	vers, en direction de
向	xiàng	vers, en direction de
朝	cháo	vers
离	lí	de, éloigné de *(complément d'éloignement)*
除了	chúle	excepté, sauf
除掉	chúdiào	excepté, sauf
除开	chúkai	excepté, sauf
关于	guānyú	quant à, en ce qui concerne
对	duì	envers, à l'égard de
对于	duìyú	sur, en ce qui concerne
至于	zhìyú	quant à

连	lián	avec
跟	gēn	avec, en compagnie de
代	dài	au lieu de, à la place de
同	tóng	avec

九、連 詞

和	hé	et
与	yǔ	et
同	tóng	et
跟	gēn	et
及	jì	et, ainsi que

比	bǐ	par rapport à
为	wèi	pour
为了	wèile	pour, en faveur de
由于	yóuyú	à cause de
为着	wèizhe	pour
按照	ànzhào	selon, suivant, d'après
顺着	shùnzhe	le long de
沿着	yánzhe	le long de

让	ràng	par (+ c. d'agent d'un verbe passif)
使	shǐ	*(marque du factitif)*
被	bèi	par (+ c. d'agent d'un verbe passif)
凭	píng	par, grâce à, à l'aide de
等到	děngdào	jusqu'à, le jour où
在乎	zàihu	consister en

CONJONCTIONS

以及	yǐjí	et, ainsi que
而	ér	et, mais
而且	érqiě	et, mais encore
并且	bìngqiě	et, en outre *adv.*

二并	bìng	et, en outre *adv.*	
况且	kuàngqiě	de plus *adv.*, en outre *adv.*	
既然	jìrán	puisque	
即使	jíshǐ	même si, quand même	
不管	bùguǎn	quel que soit, peu importe	
无論	wúlùn	quel que soit, peu importe	
不論	búlùn	quel que soit, peu importe	
除非	chúfēi	à moins que	
纵然	zòngrán	quoique, bien que	
尽管	jǐnguǎn	quoique	
然而	rán'ér	mais, cependant	
否则	fǒuzé	sinon, autrement	
与其	yǔqí	plutôt que	
要不然	yàoburán	sinon	

要是	yàoshì	si
如果	rúguǒ	si
假如	jiǎrú	si, à supposer que
譬如	pìrú	par exemple *adv.*
比如	bǐrú	par exemple *adv.*

例如	lìrú	par exemple *adv.*
只要	zhǐyào	il suffit de, il suffit que
倘若	tǎngruò	à supposer que

虽然	suīrán	bien que, quoique
但是	dànshì	mais
不过	búguò	mais, cependant
不如	bùrú	il vaut mieux
可是	kěshì	mais
就是	jiùshì	même si
不但	búdàn	non seulement *adv.*

因为	yīnwei	parce que
因此	yīncǐ	c'est pourquoi, donc
所以	suǒyi	c'est pourquoi

同时	tóngshí	et, en même temps *adv.*
于是	yúshi	alors *adv.*
接着	jiēzhe	ensuite *adv.*, puis *adv.*
然后	ránhòu	ensuite *adv.*

十 助 詞

1.

的　de　　(suffixe du déterminant du nom)

地　di　　(suffixe adverbial)

得　de　　(suffixe verbal introduisant un complément de degré)

所　suǒ　que (relatif employé uniquement comme complément d'objet)

2.

着　zhe　　(suffixe verbal marquant le duratif)

了　le　　(suffixe verbal marquant l'aspect perfectif)

过　guo　　(suffixe verbal marquant le passé d'expérience)

住　zhu　　(suffixe verbal marquant l'aboutissement d'une action)

来着　láizhe　(suffixe verbal marquant une durée terminée)

3

啊　a　　(part. fin. exclamative)

的　de　　(part. fin. soulignant un fait — en combinaison avec « shì »)

了　le　　(part. fin. marquant un changement)

啦　la　　(part. fin. combinaison de « le » et « a »)

呢　ne　　(part. fin. 1) interrogative ; 2) affirmative ; 3) marquant la forme progressive)

哪　na　　(part. fin. exclamative)

呀　ya　　(part. fin. exclamative, précédée de « i, ü, a, o, e, ai, ei »)

吧　ba　　(part. fin. marquant 1) la suggestion ; 2) la supposition ; 3) l'ordre)

哇　wa　　(part. fin. exclamative précédée de « u, ao, ou »)

吗　ma　　(part. fin. interrogative)

么　me　　(part. fin. interrogative)

哩　li　　(part. fin. exclamative)

十一、叹词

INTERJECTIONS ET ONOMATOPÉES

啊	a	ah ! *(surprise)*
哦	o	oh ! *(surprise)* ; ho ! *(appel)*
唉	ai	oh ! *(regret)* ; oui
嗨	hai	eh ! *(surprise)*
欸	ei	oui .
诶	ê	oui ; ho ! *(surprise)* ; hé ! *(appel)*
喂	wei	hé ! *(appel)* ; allô !
嗯	en	oui !
哼	heng	ah ! *(mécontentement ; doute)*
噢	ou	oh ! *(compréhension)*
嗷	ao	oh ! *(surprise ; compréhension)*
哎呀	aiya	oh ! *(surprise)* hélas ! *(douleur)*
哎哟	aiyao	oh ! *(surprise)* hélas ! *(douleur)*

哈哈	haha	ha ! ha ! *(rire)*
呸	pei	peuh ! fi ! *(mépris, dégoût)*
嘿	hei	ho ! *(surprise, admiration)*
哇哇	wawa	hi, hi, hi ! *(pleurs)*
万岁	wànsuì	vive !...

叮当	dingdang	ding ! dong ! *(bruit de cloche, de métal)*
咚咚	dongdong	rataplan ! *(roulement de tambour)*
哗啦	huala	patatras *(bruit d'effondrement, de chute)*
扑通	putong	floc ! *(bruit de chute)*
巴答	bada	boum ! *(bruit de choc)*
咕咚	gudong	patatras *(bruit d'objet qui tombe)*
轰	hong	boum ! *(tonnerre, canon)*

常用应酬語

貴姓	guìxìng	votre précieux nom ? à qui ai-je l'honneur [de parler ?
劳駕	láojià	s'il vous plaît
請	qǐng	je vous prie de..., s'il vous plaît
請坐	qǐngzuò	asseyez-vous je vous prie
請問	qǐngwèn	puis-je vous demander
謝謝	xièxie	merci
多謝	duōxiè	merci beaucoup
辛苦	xīnkǔ	vous avez eu beaucoup de mal
受累	shòulèi	vous vous êtes donné du mal
对不起	duìbuqǐ	pardon, excusez-moi
对不住	duìbuzhù	je suis confus, excusez-moi
不敢当	bùgǎndāng	c'est trop d'honneur, vous me flattez
沒关系	méiguānxi	ce n'est rien, cela ne fait rien
哪儿話	nǎrhuà	mais non, pas du tout, vous me flattez
可不是	kěbushì	oui, bien sûr
是	shì	oui
是的	shìde	oui, c'est cela
好	hǎo	bien, oui
好的	hǎode	bien
行	xíng	cela va, c'est bien
成	chéng	cela va, c'est bien

98

FORMULES DE POLITESSE

成了	chéngle	c'est bien
对	duì	oui, c'est exact
对了	duìle	oui, c'est exact
不錯	búcuò	c'est exact
沒錯儿	méicuòr	c'est exact
当然	dāngrán	évidemment, bien sûr
可以	kěyǐ	oui, c'est possible
干嘛	gànmá	pourquoi, pour quoi faire
欢迎	huānyíng	soyez le(s) bienvenu(s)
借光	jièguāng	s'il vous plaît, permettez-moi de
打攪	dǎjiǎo	je vous ai dérangé
费心	fèixīn	je vous ai dérangé, merci
留神	liúshén	faites attention
不客气	búkèqi	ne faites pas de cérémonies, je vous en prie
少陪	shǎopéi	excusez-moi de ne pas rester davantage
再見	zàijiàn	au revoir
得了	déle	ça suffit, ça va
算了	suànle	tant pis
罢了	bàle	c'est fini, c'est tout
完了	wánle	c'est fini

101

bìyè　毕业 ......　*v.* 65.

bíz　鼻子 ......　*n.* 30.

bóbo　伯伯 ......　*n.* 33.

bōcài　菠菜 ......　*n.* 20.

　=bófù　伯父 ....　*n.* 33.

bòji　簸箕 ......　*n.* 29.

bōli　玻璃 ......　*n.* 29.

bómǔ　伯母 ......　*n.* 33.

bóruò　薄弱 ......　*adj.* 72.

bówùguǎn ......　*n.* 24.

　　博物館

bōxuē　剥削 ....　*v.* 60*.

bóz　脖子 ......　*n.* 30.

bōzhǒng　播种 ...　*v.* 59.

bǔ　补 ......　*v.* 55.

bù　不 ......　*adv.* 92.

bù　布 ......　*n.* 22.

bù　步 ......　*sp.* 86.

búbì　不必 ......　*adv.* 93.

bǔchōng　补充 ...　*v.* 60.

búcuò　不錯 ......　*p*^{esse} 98.

búcuò　不錯 ......　*adj.* 73.

bǔdà　不大 ......　*adv.* 93.

búdàn　不但 ......　*conj.* 95.

bùdébù　不得不 ..　*adv.* 93.

bùdéliǎo ......　*adj.* 74.

　　不得了

bùdéyǐ　不得已 ..　*adj.* 74.

bùduì　部队 ....　*n.* 40.

bùfen　部分 ....　*sp.* 83.

bùgǎndāng ......　*p*^{esse} 98.

　　不敢当

bùgào　布告 ....　*n.* 38.

bùguǎn　不管 ...　*conj.* 95.

búguò　不过 ....　*conj.* 95.

　=bùhǎoguò ....　*adj.* 79.

　　不好过

bùkě　不可 ....　*adv.* 93.

bùkěbù　不可不 ..　*adv.* 93.

búkèqi　不客气 ...　*p*^{esse} 98.

búlì　不利 ......　*adj.* 74.

búlùn　不論 ....　*conj.* 95.

bùmén　部門 ...　*n.* 38.

bùnéng　不能 ...　*adv.* 93.

bùnéngbù ......　*adv.* 93.

　　不能不

bùqiāng　步枪 ...　*n.* 41.

bùrú　不如 ....　*conj.* 95.

bùshǎo　不少 ....　*adj.* 71.

búshì　不是 ...　*v.* 70.

bùxié　布鞋 ...　*n.* 23.

búxìng　不幸 ...　*adj.* 74.

búyào　不要 ...　*adv.* 93.

búyòng　不用 ...　*adv.* 93.

bùzhǎng　部长 ..　*n.* 34.

bùzhi　布置 ...　*v.* 62.

bùzhòu　步骤 ...　*n.* 39.

C c

cā　擦 ......　*v.* 55.

cāi　猜 ......　*v.* 67.

cái　裁 ......　*v.* 55.

cái　才 ......　*adv.* 89.

cǎi　采 ......　*v.* 52.

cǎi　踩 ......　*v.* 53.

cài　菜 ......　*n.* 20.

cǎigòu　采购 ...　*v.* 60*.

cáiliào　材料 ...　*n.* 29.

cán　蚕 ......　*n.* 18.

cándòu　蚕豆 ...　*n.* 20.

cánfèi　残废 ...　*adj.* 77.

109

ér 而 . . . . *conj.* 94.

ěrduo 耳朵 . . . . . *n.* 30.

érqiě 而且 . . . . . . *conj.* 94.

èrshí 二十 . . . . . . *num.* 81.

értóng 儿童 . . . . *n.* 32.

èryuè 二月 . . . . . . *n.* 15.

érz 儿子 . . . . *n.* 33.

éxin 恶心 . . . . . . *adj.* 76.

ê 诶 . . . . *interj.* 97.

F f

fā 发 . . . . *v.* 65.

fá 罚 . . . . *v.* 62.

=fá 乏 . . . . . . , *adj.* 76.

fābiǎo 发表 . . . . . *v.* 61.

fāchū 发出 . . . . . *v.* 65.

fādá 发达 . . . . . . *v.* 69*.

fādǒu 发抖 . . . . . *v.* 54.

fǎlǜ 法律 . . . . . . *n.* 38.

fāmíng 发明 . . . . *v.* 65*.

fān 翻 . . . . *v.* 54.

fàn 犯 . . . . *v.* 64.

fàn 饭 . . . . *n.* 21.

fānchuán 帆船 . . . *n.* 43.

fàndiàn 饭店 . . . . *n.* 24.

fǎndòng 反动 . . . *adj.* 80.

fǎnduì 反对 . . . . . *v.* 63.

fǎnfù 反复 . . . . . *adv.* 90.

fāng 方 . . . . *adj.* 71.

fàng 放 . . . . *v.* 51.

fángbèi 防备 . . . . *v.* 63.

fāngbian 方便 . . *n.* 48.

fāngbian 方便 . . *adj.* 74.

fángdǐng 房顶 . . . *n.* 24.

fāngfa 方法 . . . . *n.* 48.

fàngjià 放假 . . . . *v.* 65.

fāngmiàn 方面 . . *n.* 50.

fāngshi 方式 . . . *n.* 48.

fángshǒu 防守 . . . *v.* 63*.

fàngshǒu 放手 . . . *v.* 53.

fàngsōng 放松 . . . *v.* 52.

fǎngwèn 访问 . . . *v.* 43.

fǎngwèn 访问 . . . *v.* 57.

fángwū 房屋 . . . *n.* 24.

fāngxiang . . . . . . *n.* 48.
　　方向

fàngxīn 放心 . . . *v.* 67.

fàngxué 放学 . . . *v.* 65.

fāngyán 方言 . . . *n.* 44.

fāngz 方子 . . . . . *n.* 32.

fángz 房子 . . . . . *n.* 24.

fángzhǐ 防止 . . . . *v.* 62.

fǎngzhī 纺织 . . . *v.* 55*.

fǎnkàng 反抗 . . . *v.* 63*.

fánnǎo 烦恼 . . . *adj.* 79.

=fānqié 番茄 . . . *n.* 20.

fánróng 繁荣 . . . *adj.* 80.

fānshēn 翻身 . . . *v.* 54.

fànwǎn 饭碗 . . . *n.* 26.

fǎnxǐng 反省 . . . *v.* 62*.

fānyì 翻译 . . . . *n.* 36.

fānyì 翻译 . . . . *v.* 65.

fǎnyìng 反映 . . . *v.* 61.

fǎnzhèng 反正 . . *adv.* 92.

fāshēng 发生 . . . *v.* 68.

fāxiàn 发现 . . . . *v.* 65.

fāxíng 发行 . . . . *v.* 66.

fāyáng 发扬 . . . . *v.* 60.

fǎyuàn 法院 . . . *n.* 41.

=fǎz 法子 . . . . *n.* 48.

fāzhǎn 发展 . . . *v.* 69*.

fēi 飞 . . . . *v.* 68.

fēi 非 . . . . *adv.* 93.

féi 肥 . . . . *adj.* 76.

fèi 肺 . . . . *n.* 31.

113

H h

幻想

huānyíng . . . . *v.* 57*.

欢迎

huānyíng . . . . *p^{esse}* 98.

欢迎

huār 花儿 . . . . *n.* 19.

=huàr 画儿 . . . . . *n.* 45.

huāshēng . . . . *n.* 20.

花生

huāshēngyóu . . . . . *n.* 22.

花生油

huátóu 滑头 . . . . . *adj.* 77.

huàxué 化学 . . . . . *n.* 45.

huāyuán . . . . *n.* 24.

花园

huáz 划子 . . . . . . *n.* 43.

huàzhuāng . . . . *v.* 55*.

化装

húdié 蝴蝶 . . . . . *n.* 18.

huī 灰 . . . . *n.* 17.

huí 回 . . . . *v.* 54.

huí 回 . . . . *v.* 70.

huí 回 . . . . *sp.* 86.

huì 会 . . . . *v.* 69.

huìbào 汇报 . . . . *v.* 61*.

huìchǎng . . . . *n.* 24.

会场

huīchén 灰尘 . . . *n.* 17.

huídá 回答 . . . . *v.* 57*.

huíjiā 回家 . . . . . *v.* 54.

huìkè 会客 . . . . . *v.* 57.

huìkèshì . . . . *n.* 24.

会客室

huílai 回来 . . . . . *v.* 70.

huíqu 回去 . . . . . *v.* 70.

huīsè 灰色 . . . . . *adj.* 72.

huítóu 回头 . . . . . *adv.* 89.

huítóu 回头 . . . . . *v.* 51.

huíyì 回忆 . . . . . *n.* 47.

huíyì 回忆 . . . . . *v.* 68.

huìyì 会議 . . . . . *n.* 38.

huìyuán . . . . *n.* 37.

会員

hùkǒu 戶口 . . . . . *n.* 42.

húli 狐狸 . . . . . *n.* 17.

hùn 混 . . . . *v.* 64.

huó 活 . . . . *v.* 56.

huǒ 伙 . . . . *sp.* 83.

huǒ 火 . . . . *n.* 13.

huò 貨 . . . . *n.* 39.

=huò 或 . . . . . *adv.* 92.

huǒchái . . . . *n.* 26.

火柴

huǒchē 火車 . . . . *n.* 42.

huǒchēzhàn . . . . . . *n.* 42.

火車站

huòdé 获得 . . . . *v.* 58.

huódòng . . . . *n.* 43.

活动

huódòng . . . . *v.* 63.

活动

huǒjiàn . . . . *n.* 41.

火箭

huǒjiànpào . . . . . . *n.* 41.

火箭炮

huòluàn . . . . *n.* 32.

霍乱

huópo 活泼 . . . . *adj.* 78.

huǒshi 伙食 . . . . *n.* 21.

huòwù 貨物 . . . . *n.* 39.

huòzhě 或者 . . . . *adv.* 92.

húqín 胡琴 . . . . . *n.* 46.

K k

M m

N n

O o

P p

pīping 批評 . . . . . *v.* 61*.

píqi 脾气 . . . . . . *n.* 47.

píqiú 皮球 . . . . . *n.* 27.

pìrú 譬如 . . . . . *conj.* 95.

pítà 疲踏 . . . . . *adj.* 78.

píxié 皮鞋 . . . . *n.* 23.

píz 皮子 . . . . *n.* 29.

pīzhǔn 批准 . . . . *v.* 61*.

pò 破 . . . . *v.* 59.

pòhuài 破坏 . . . . *v.* 63*.

pópo 婆婆 . . . . *n.* 33.

pū 扑 . . . . *v.* 54.

pū 铺 . . . . *v.* 52.

pǔbiàn 普遍 . . . . *adj.* 73.

pūgai 铺盖 . . . . *n.* 25.

pūkèpái . . . . . *n.* 46.

　　扑克牌

pǔsù 朴素 . . . . . *adj.* 78.

pútao 葡萄 . . . . *n.* 21.

putong 扑通 . . . *onomat.* 97.

pǔtōng 普通 . . . . *adj.* 73.

pǔtōnghuà . . . . . *n.* 44.

　　普通話

pùz 鋪子 . . . . *n.* 36.

Q q

qī 七 . . . . *num.* 81.

qí 棋 . . . . *n.* 46.

qí 騎 . . . . *v.* 64.

qǐ 起 . . . . *v.* 54.

qǐ 起 . . . . *v.* 70.

qì 汽 . . . . *n.* 16.

qì 气 . . . . *v.* 66.

qiàhǎo 恰好 . . . . *adj.* 73.

qiān 鉛 . . . . *n.* 16.

qiān 牵 . . . . *v.* 51.

qiān 千 . . . . *num.* 81.

qián 錢 . . . . *n.* 39.

qián 錢 . . . . *sp.* 86.

qián 前 . . . . *n.* 49.

qiǎn 浅 . . . . *adj.* 71.

qiān-bǎi-wàn . . . . . *num.* 82.

　　千百万

qiānbǐ 鉛笔 . . . . *n.* 27.

　=qiánbian . . . . . *n.* 49.

　　前边

qiāng 枪 . . . . *n.* 41.

qiáng 强 . . . . *adj.* 72.

qiáng 墙 . . . . . . *n.* 24.

qiǎng 搶 . . . . . . *v.* 64.

　=qiángbì . . . . . *n.* 24.

　　墙壁

qiángdà 强大 . . . . *adj.* 80.

qiǎngpò 强迫 . . . . *v.* 64.

qiáng zhuàng . . . . . *adj.* 72.

　　强壮

qiánjìn 前进 . . . . *v.* 54*.

　=qiánmian . . . . *n.* 49.

　　前面

qiánnián 前年 . . . *n.* 14.

qiántiān 前天 . . . . *n.* 15.

qiántou 前头 . . . . *n.* 49.

qiántú 前途 . . . . *n.* 37.

qiānwàn 千万 . . . *adv.* 92.

qiānxū 謙虛 . . . . *adj.* 77.

qiánz 钳子 . . . . . *n.* 28.

qiāo 敲 . . . . *v.* 52.

qiáo 桥 . . . . *n.* 42.

　=qiáo 瞧 . . . . . *v.* 50.

qiǎo 巧 . . . . *adj.* 79.

qiàqiǎo 恰巧 . . . *adv.* 91.

131

R r

135

T t

W w

Z z

Imprimerie de la Manutention à Mayenne — Novembre 1996 — N° 345-96